Serge Gagnier

D1262256

QUI HIBERNE QUI HIVERNE

Une aventure animale au Québec

Collection
J'instruis mes parents

JOEY CORNU
ÉDITEUR

Données de catalogage avant publication (Canada)

Gagnier, Serge, 1975-
Qui hiberne, qui hiverne : une aventure animale au Québec
(Collection J'instruis mes parents)
Comprend des réf. bibliogr. et un index.
Pour enfants de 7 à 12 ans.

ISBN 2-922976-00-9

1. Animaux - hivernage - Québec (Province) - Ouvrages pour la jeunesse.
2. Hibernation - Québec (Province) - Ouvrages pour la jeunesse.
3. Sciences naturelles - Ouvrages pour la jeunesse.
4. Sciences naturelles - Problèmes et exercices - Ouvrages pour la jeunesse.
I. Titre. II. Collection.

QL755.G33 2002 J591.565 C2002-941017-7

Direction de l'édition Claudie Bugnon
Révision scientifique André Cyr, Ph.D., Stéphane Cayouette, Ph.D.
Révision linguistique Bernard Brun
Conception graphique et mise en pages Christine Mather
Illustration Stéphane Bourrelle
Lecture d'épreuves Bernard Brun, Isabelle Harrison

Joey Cornu Éditeur inc.
277, boulevard Labelle, C-200
Rosemère (Québec) J7A 2H3
Tél. : (450) 621-2265 • Téléc. : (450) 965-6689
Courriel : joeycornu@qc.aira.com • Site Web : www.joeycornuediteur.com

© 2002, Joey Cornu Éditeur inc.

Hormis la citation de courts extraits à titre d'exemple, les droits de traduction, de reproduction ou d'adaptation du présent ouvrage sont interdits, sous quelque forme que ce soit, sans l'autorisation écrite préalable de l'éditeur.

Dépôt légal, 2002 :
Bibliothèque nationale du Québec

Remerciements de l'auteur

La réalisation d'un livre se concrétise seulement avec l'aide de personnes complices et compétentes, et c'est la raison pour laquelle j'aimerais remercier mes proches et mes collègues pour leur encouragement et leur contribution tout au long du processus de création.

J'adresse des remerciements particuliers à Mme Céline Tessier, qui m'a permis, grâce à ses doigts de fée, d'améliorer le projet de mangeoire proposé aux enfants dans les activités, de même qu'à l'Académie Ste-Thérèse pour sa confiance lorsque j'ai mis mes textes à l'essai en milieu scolaire. Mes élèves ont joué un rôle de premier plan dans cette aventure, car leurs questions et leur curiosité pour l'environnement ont constitué une vraie source d'inspiration.

Je suis également des plus redevables à M. David Rodrigue, directeur adjoint de l'Ecomuseum, qui a répondu à mes multiples questions, à M. Stéphane Cayouette, biologiste-conseil à Nove Environnement et chargé de cours à l'Université du Québec à Trois-Rivières, qui m'a prêté main-forte dans le très vaste domaine de l'entomologie, ainsi qu'à M. André Cyr, professeur en écologie à l'Université de Sherbrooke, qui m'a permis, grâce à sa révision scientifique, de mener une exploration féconde.

Lorsque je regarde autour de moi, je constate que la planète prend, de jour en jour, des allures de grande banlieue. À force d'étalement urbain, les humains chassent de leur habitat des centaines d'espèces animales, rendant très souvent leur survie périlleuse. Je fais le vœu de sensibiliser les jeunes à la faune et de leur faire prendre conscience qu'ils ont des responsabilités à l'égard de l'environnement. En découvrant la vie des animaux, peut-être auront-ils davantage envie de partager la planète que de régner sur elle.

Serge Gagnier

**Joey Cornu Éditeur
tient à remercier les commanditaires
qui ont contribué à la diffusion
de l'œuvre d'un jeune auteur.**

BFI Environnement

Consciente de l'incidence écologique des abondants rebuts de consommation et de production, la société BFI Environnement s'est donné pour mission de sensibiliser la jeunesse à la réduction des déchets domestiques, au recyclage, au compostage et à la gestion efficace des ressources. Son programme Mobius est en vigueur depuis 1992 et offre, dans le cadre d'un centre d'interprétation, des ateliers et des visites d'installations, notamment de la centrale électrique de BFI alimentée aux biogaz. Chaque année, plus de 10 000 personnes participent aux activités du programme Mobius. Les écoles intéressées par ces activités formatrices peuvent composer le (450) 474-7222.

Nove Environnement inc.

Les champs de compétence de cette société de conseil touchent à l'environnement, à la biologie, à la foresterie, à la cartographie et à l'aménagement du territoire. Les sociétés privées ou publiques font appel à ses services lorsqu'elles désirent évaluer les répercussions de leurs activités sur l'eau, l'air et le sol, ainsi que cerner les problèmes environnementaux que peuvent susciter leurs projets. Au nombre des clients de Nove Environnement figurent les sociétés Alcan, Kruger, Hydro Québec, Noranda et BFI. On peut communiquer avec Nove Environnement en composant le (819) 371-3481.

Serge Gagnier

Qui hiberne, qui hiverne :
une aventure animale au Québec

À
Anne-Sophie,
La nature regorge de mystères,
je te souhaite une bien belle
aventure dans le monde des
animaux.
Bonne lecture !
Monsieur Serge

Collection
J'instruis mes parents

JOEY CORNU
ÉDITEUR

Avant toute chose, une histoire de majuscule

Dans les ouvrages de zoologie (une branche de la biologie qui étudie les animaux) et de botanique (l'ensemble des sciences qui étudient les végétaux), on écrit habituellement avec une majuscule les noms suivants : embranchement, classe, ordre, famille, genre et espèce (voir la page 15). C'est la raison pour laquelle tu verras les termes *Harfang des neiges* et *Chicorée sauvage* écrits avec une majuscule.

Cependant, ces mêmes noms prennent la minuscule lorsqu'on en parle de manière générale ou qu'il s'agit du nom incomplet d'une espèce : les harfangs survolaient la toundra en quête de succulente chicorée (ce qui serait d'ailleurs vraiment surprenant, comme tu le découvriras bientôt).

Sommaire

Chapitres

Activités - À toi de jouer!

Encadrés spéciaux

AVANT-PROPOS

La parole est aux jeunes

Les animaux m'ont toujours fasciné. L'année dernière, mon intérêt pour eux a encore grandi quand nous avons étudié en classe ce qu'ils deviennent avec les changements de saison. Mon enseignant, monsieur Serge, avait rédigé des textes exprès pour nous expliquer comment différents animaux se préparent pour l'hiver.

En étudiant les comportements des animaux, nous nous sommes interrogés sur la façon dont ils survivent aux grands froids. Font-ils tous des provisions? Comment savent-ils que c'est le temps de se réveiller? que c'est le moment de migrer? où aller? Je m'inquiète même un peu pour eux depuis que nos hivers sont plus doux: comment les différentes espèces animales peuvent-elles s'adapter et assurer leur survie?

Ce sont les oiseaux qui m'impressionnent le plus. Ils ont une grande capacité de résistance au froid, même s'ils sont petits. Depuis que j'en sais un peu plus, je me préoccupe beaucoup des animaux et cherche des moyens de les aider. D'ailleurs, l'hiver dernier, j'ai construit dans ma cour, avec l'aide de mes parents, un abri de branches pour les oiseaux et les autres petites bêtes.

« Qu'est-ce qui arriverait à la marmotte si elle se faisait réveiller pendant son sommeil? »

Rosalie Chayer

« Est-ce que les fourmis hibernent? Où se cachent-elles? »

Alexandre Borduas-Dorais

« Pourquoi les baleines ne restent-elles pas dans le Saint-Laurent l'hiver? »

Sarah David-Riel

« Comment les oiseaux qui restent chez nous font-ils pour survivre au froid? »

Sidnée Paquette-Patterson

« Pourquoi certains ours hivernent et d'autres pas? »

Karl-Alexandre Dunberry

« Est-ce que l'ours va à la toilette pendant son hibernation? »

Cloé Savoie

« Qu'est-ce que les mammifères mangent l'hiver? »

François Forgues

« Les oiseaux qui migrent dans les pays chauds ont-ils l'impression d'être à la maison? »

Alexe Audet

« Comment les poissons font-ils pour respirer sous la glace? »

Coralie Leblanc

« Qu'est-ce qui arrive au ver de terre en hiver? »

Sabrina Beaudet

« Puisqu'au printemps je vois souvent des araignées au plafond, est-ce qu'à l'automne elles se font un nid dans les murs? »

Nicolas Bouillon

L'année dernière, en classe, nous avons fabriqué des mangeoires pour les oiseaux en utilisant des cartons de lait. Je me souviens d'un moment merveilleux où nous sommes tous sortis de la classe, avec monsieur Serge, pour regarder les oiseaux se nourrir dans les mangeoires que nous avions installées près de l'école. Nous sommes restés un bon moment couchés dans la neige et chaque élève décrivait ce qu'il voyait.

Notre enseignant nous a transmis sa passion pour l'environnement et son enthousiasme nous pousse à vouloir en savoir toujours plus.

Avant, quand mes parents et moi faisions un long trajet en voiture, je me désennuyais en comptant les « coccinelles », mais depuis que j'ai fait ces découvertes, j'observe les oiseaux et les autres animaux.

Philippe Dessaulles-Goudezeune

CHAPITRE I

L'été, la cigale n'est pas seule à chanter

En été, le Québec est une terre d'abondance

La faune du Québec est riche d'une merveilleuse diversité et mérite tout notre respect. Elle s'adapte aux difficultés climatiques dont nous, les humains, nous plaignons souvent : trop chaud, trop froid, trop de glace, pas assez de pluie…

Peux-tu imaginer quelle serait ta vie si tu devais t'engager chaque année dans d'énormes préparatifs d'hiver ou, pire encore, si tu devais faire tes valises à l'approche du gel?

Selon le ministère de la Faune du Québec, notre province abrite 653 espèces animales, dont 91 espèces de mammifères, 326 espèces d'oiseaux, 199 espèces de poissons, 21 espèces d'amphibiens et 16 espèces de reptiles. S'ajoutent à cela une myriade d'invertébrés, dont plus de 25 000 espèces d'insectes.

Tout le monde à table!

L'été, la nature québécoise est colorée et animée. La saison chaude amène une nourriture abondante et les animaux n'ont pas à faire de prouesses pour subsister. Peu importe leur menu, toutes les espèces trouvent quelque chose à se mettre sous la dent.

« Dis-moi ce que tu manges, je te dirai ce que tu es » a écrit le gastronome français du 18e siècle Brillat-Savarin.

Et toi, quel est ton menu préféré?

Carnivore, herbivore, insectivore, frugivore, granivore, omnivore sont des étiquettes qui nous renseignent sur les goûts alimentaires de chacun.

Le Harfang des neiges est carnivore. Cette chouette toute blanche chasse le lièvre et le lemming, deux mammifères rongeurs. Elle repère rapidement sa proie dans les vastes étendues de la toundra, une grande plaine de la zone arctique du Nord du Québec où la froidure ne permet pas au moindre petit arbre de pousser. Seuls quelques mousses et lichens (une plante rampante qui résulte de la combinaison d'algues et de champignons) parviennent à profiter.

On peut admirer le Harfang des neiges au dos du billet canadien de cinquante dollars. Il est l'emblème aviaire du Québec depuis 1987; en effet, l'Assemblée nationale lui a décerné ce titre officiel pour souligner la volonté du gouvernement de préserver l'environnement et de sauvegarder nos espèces sauvages.

Lorsqu'il chasse, le Harfang des neiges peut voler à près de 80 kilomètres à l'heure.

Que fait le Harfang des neiges en hiver?
Passe à la page 41

Chaque nuit, le Lynx du Canada peut parcourir une quinzaine de kilomètres pour trouver une proie.

La plupart des carnivores vivent dans un écosystème où les plantes et les proies foisonnent. Le Lynx du Canada vit surtout en terrain montagneux, dans les grandes forêts de conifères. Il se nourrit principalement de lièvres, mais mange également des écureuils, des souris et des canards.

Les herbivores sont plus nombreux que les carnivores dans la nature. Pour les animaux qui se nourrissent de végétaux, l'été est généreux. Dans les champs, le lièvre se régale de fleurs sauvages, d'herbes, de fougères et raffole des feuilles d'arbre; il préfère celles du peuplier, du saule et du bouleau.

Que fait la marmotte en hiver?
Passe à la page 29

Tout près de nous, la marmotte vient brouter le trèfle de nos pelouses. Il lui arrive même de dévorer les fruits et les légumes de nos jardins potagers.

Le Cerf de Virginie, qu'on appelle aussi chevreuil, se nourrit de feuilles d'arbre, de plantes et de fruits. On en voit à l'occasion en bordure des autoroutes, au cours d'une promenade en voiture.

Que fait le castor en hiver?
Passe à la page 25

Le castor consomme de l'écorce, des feuilles et des ramilles trouvées dans les arbres qu'il abat à coups de dents puissantes. Tu sais probablement qu'il est l'animal emblème du Canada, mais savais-tu que le 23 avril 1851, le Canada a été le premier pays à émettre un timbre-poste à l'image d'un animal?

© Société canadienne des postes, 1851. Reproduit avec permission.

Pourquoi construire des barrages? Pour garder submergées les entrées de sa hutte et se protéger ainsi des prédateurs.

Le raton laveur est-il omnivore ou *ordurivore*?

Comme leur nom l'indique, les insectivores se nourrissent d'insectes. Le Grand Pic en est très friand. Il picore l'écorce des arbres en quête d'insectes térébrants, c'est-à-dire ceux qui percent des trous ou creusent des galeries. Tu as peut-être déjà entendu un pic marteler un arbre avec énergie, comme s'il cognait à la porte du garde-manger. Amuse-toi à regarder au pied des arbres. Un tas de bran de scie t'indiquera qu'un pic est passé par là pour y faire son nid ou extraire les insectes du tronc.

La grenouille se nourrit également d'insectes qu'elle trouve parmi les plantes en bordure de son étang. En un éclair, elle projette sa langue très longue pour attraper sa pitance.

Que fait la grenouille en hiver?
Passe à la page 63

Les omnivores sont des animaux dont l'alimentation est variée. Par exemple, l'Ours noir, qui est installé un peu partout dans les forêts québécoises, mange avec le même appétit les plantes, les fruits, les insectes, les poissons, les petits animaux et même les jeunes chevreuils.

Le raton laveur, ce petit animal espiègle au museau blanc, à la fourrure grise et aux yeux masqués, est aussi un omnivore. Il mange de tout : des noix, des fruits, des petits animaux, des insectes et des vers de terre, et pousse parfois l'audace gastronomique jusqu'à fouiner dans ta poubelle ou ta mangeoire d'oiseaux, le soir, quand tu dors.

Que fait le raton laveur en hiver?
Passe à la page 33

Se distinguer par la classe, pas seulement par le menu

La classification des espèces animales (appelée taxonomie zoologique dans le langage scientifique) consiste à grouper les animaux qui ont des caractères communs.

Le menu préféré du raton laveur se compose non pas de déchets, mais de petits animaux aquatiques, d'où notre impression qu'il lave sa nourriture.

La classification des animaux est une façon efficace de se représenter leurs liens de parenté et leur évolution au cours des âges.

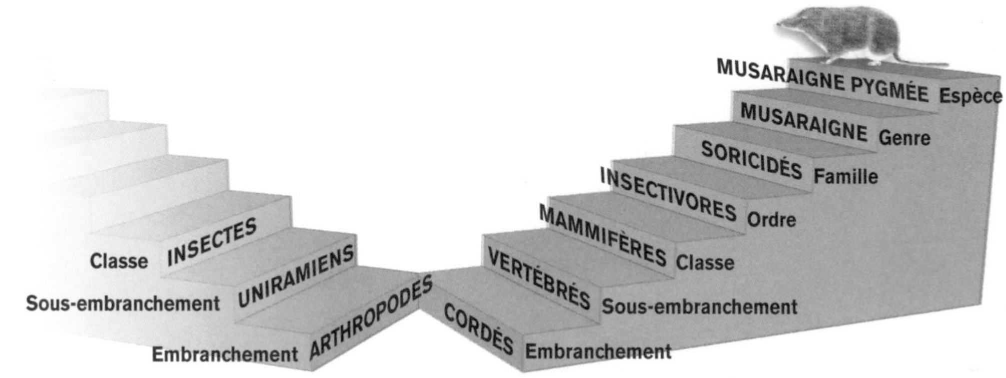

Si on remontait les marches de l'escalier taxonomique jusqu'à la Musaraigne pygmée, on prendrait le chemin suivant :

Embranchement : Cordés
Sous-embranchement : Vertébrés
Classe : Mammifères
Ordre : Insectivores
Famille : Soricidés
Genre : Musaraigne
Espèce : Musaraigne pygmée

La classe des Mammifères

Les mammifères ont pour caractéristiques d'avoir le sang chaud, d'être couverts de poils et de nourrir leurs petits à la mamelle.

Le plus petit mammifère terrestre du Québec est la Musaraigne pygmée (qui pèse moins de 8 grammes), tandis que le plus gros est l'Ours blanc (un mâle peut peser jusqu'à 700 kilos).

Dans cette grande classe (dont fait partie l'être humain), on retrouve, par exemple, la marmotte, la souris, le castor, le porc-épic et l'écureuil, tous des rongeurs. Ces animaux ont de longues dents qui poussent sans arrêt. Pour empêcher leur dentition d'allonger démesurément, les rongeurs consomment de la nourriture dure, frottent leurs dents ensemble ou creusent avec leurs dents. Fait étonnant, les rongeurs constituent l'ordre le plus important des mammifères qui peuplent notre planète.

Hormis l'écureuil volant (capable d'effectuer un long vol plané), la chauve-souris est le seul mammifère volant. Toutes les espèces du Québec se nourrissent uniquement d'insectes et

Sais-tu comment chasse la chauve-souris?

La Chauve-souris brune est la plus répandue des chauve-souris en Amérique du Nord.

sont par conséquent très utiles. La Chauve-souris brune, par exemple, gobe son repas au vol ou piège les moucherons, les papillons et les coléoptères dans ses ailes agiles qui lui servent de filet.

Que fait la chauve-souris en hiver?
Passe à la page 31

La classe des Oiseaux

La température douce de l'été profite également aux oiseaux. Certains de nos amis ailés sont frugivores; ils se nourrissent des fruits que portent les plantes et les arbres. Les oiseaux insectivores, quant à eux, fouillent sous les feuilles ou dans les creux des arbres pour débusquer les insectes, ou les attrapent au vol. D'autres oiseaux sont granivores et fréquentent les plantes à graines.

Le Merle d'Amérique, par exemple, se nourrit de vers de terre, de sauterelles et de chenilles pendant l'été, pour devenir plutôt frugivore en automne et en hiver.

Que fait le Merle d'Amérique en hiver?
Passe à la page 46

Sur le bord de l'eau, les oiseaux dotés d'un long bec pointu, comme le Grand Héron, harponnent poissons, grenouilles, serpents et petits mammifères.

D'autres représentants du sous-embranchement des Vertébrés : Poissons, Reptiles et Amphibiens

Sous l'eau aussi, l'activité est grande. Les poissons, les grenouilles, les tortues trouvent sans peine leur plante favorite ou dénichent l'insecte convoité.

Le doré est l'un des poissons les plus appréciés des pêcheurs du Québec.

Les eaux douces du Québec abritent près de 200 espèces de poissons : truite, perchaude, brochet, maskinongé... Le doré vit dans les grands lacs et les rivières. Au tout début de l'été, la femelle pond des œufs qui se déposent entre les roches du rivage. Quand ils viennent au monde, les jeunes dorés se tiennent en bandes et se nourrissent de petites plantes des berges.

Avant de devenir grenouilles, les œufs seront des têtards sans pattes.

À mesure qu'ils grossissent, ils se déplacent vers les profondeurs qui leur fournissent une alimentation plus variée composée d'insectes et de jeunes poissons.

La grenouille pond environ un millier d'œufs dans les eaux peu profondes des berges. À la naissance, les larves, appelées têtards, sont dépourvues de pattes, la tête se prolongeant jusqu'à la queue. Elles peuvent respirer sous l'eau grâce à des branchies qui disparaîssent cependant lors de leur transformation en grenouille. Plus de branchies, mais des pattes! Une fois adulte, la grenouille devient un amphibien, ce qui signifie qu'elle vit autant dans l'air que dans l'eau.

La tortue, quant à elle, fait partie de la classe des Reptiles. Savais-tu que le Québec abrite huit espèces de tortues dont une que l'on appelle Tortue-molle à épines?

Elle possède un museau en forme de trompe et une carapace aplatie dépourvue d'écailles qui ressemble à du cuir. En juin 2000, on en avait dénombré seulement une centaine dans quelques-uns de nos cours d'eau et lacs. Aujourd'hui, son territoire semble se restreindre au lac Champlain. Elle est non seulement rare et difficile à observer, mais elle se camoufle comme il faut dans le sable ou la vase.

Que fait la Tortue-molle à épines en hiver? Passe à la page

Aimes-tu les moustiques?

La Tortue-molle à épines figure au nombre des espèces menacées du Québec.

Les Insectes, des Invertébrés

Colorés, actifs ou sonores, les insectes se font remarquer. Que ce soit le vol enchanteur du papillon Monarque ou de l'Amiral, le chant du criquet, les prouesses de la sauterelle ou l'obstination agaçante du maringouin, les insectes nous offrent tout un spectacle. L'été, ils sont partout.

Que fait l'Amiral en hiver?
Passe à la page 77

Quand le temps est humide, dans les coins d'ombre et au crépuscule, on peut apercevoir des centaines de moustiques et de mouches noires qui ont tôt fait de te piquer si tu ne réagis pas à temps. Comme dit Georges Brossard, notre célèbre entomologiste québécois, nous avons tort de ne pas apprécier les moustiques à leur juste valeur. Ils sont très utiles puisque des centaines d'oiseaux et d'animaux aquatiques s'en nourrissent. Les insectes piqueurs contribuent également à la pollinisation des plantes au niveau du sol.

Pour beaucoup d'humains, heureusement, les insectes ont la cote. Par exemple, les apiculteurs élèvent les abeilles pour commercialiser leur miel. Certains agriculteurs utilisent des légions de Coccinelles maculées pour faire la lutte aux ravageurs comme les pucerons, la mouche blanche ou le Doryphore de la pomme de terre de manière biologique, c'est-à-dire sans pesticide.

L'Amiral a été élu, au terme d'un vote populaire tenu en octobre 1998, l'insecte emblème du Québec.

Bref, l'été, toutes les espèces animales du Québec profitent de l'abondance de nourriture. Pour les animaux comme pour les humains, l'été est la belle saison et, fort heureusement, cette prospérité de la nature ne cesse pas brusquement; l'automne constitue un passage nécessaire entre la douceur et la rigueur.

Les signes avant-coureurs de l'hiver : décodage requis!

Quand les heures d'ensoleillement diminuent de façon perceptible, les feuilles commencent à se décolorer dans les arbres. Tranquillement, les tons de feu peignent un superbe décor. Puis le temps se refroidit. C'est le prélude de l'hiver.

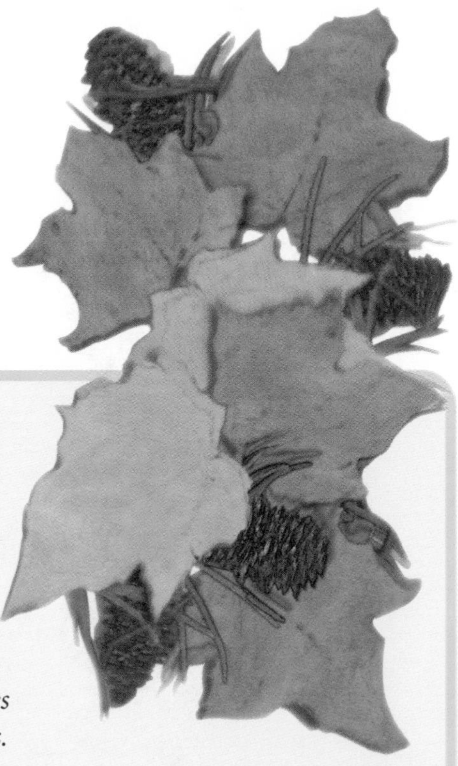

Des feuilles qui nous en font voir de toutes les couleurs

L'automne, le soleil fait la grasse matinée et se couche plus tôt. La photopériode, c'est-à-dire l'espace de temps pendant lequel la lumière est disponible pour les plantes et les arbres, diminue. Les feuilles perdent leurs tons de vert au profit des jaunes, des rouges, des orangés et même des bleus.

Quand la lumière diminue, l'arbre conserve les nutriments pour ses racines au lieu de les retourner aux feuilles. Alors, la chlorophylle se décompose.

Ce changement de pigmentation est lié surtout au vieillissement des feuilles, à la photopériode et au froid qui s'installe, mais on pense qu'il pourrait y avoir d'autres explications.

Deux chercheurs ont trouvé une relation entre ce phénomène et la quantité d'Aphididés (la famille des pucerons) qui cherchent refuge et nourriture dans plusieurs espèces d'arbres, en particulier les érables. Le virage spectaculaire au jaune et au rouge des feuilles constituerait peut-être un moyen pour l'arbre de décourager les insectes nuisibles qui voudraient laisser leurs œufs en consigne jusqu'au printemps.

L'école l'été plutôt que l'hiver, ça te dirait?

Le Québec et ses grands écosystèmes

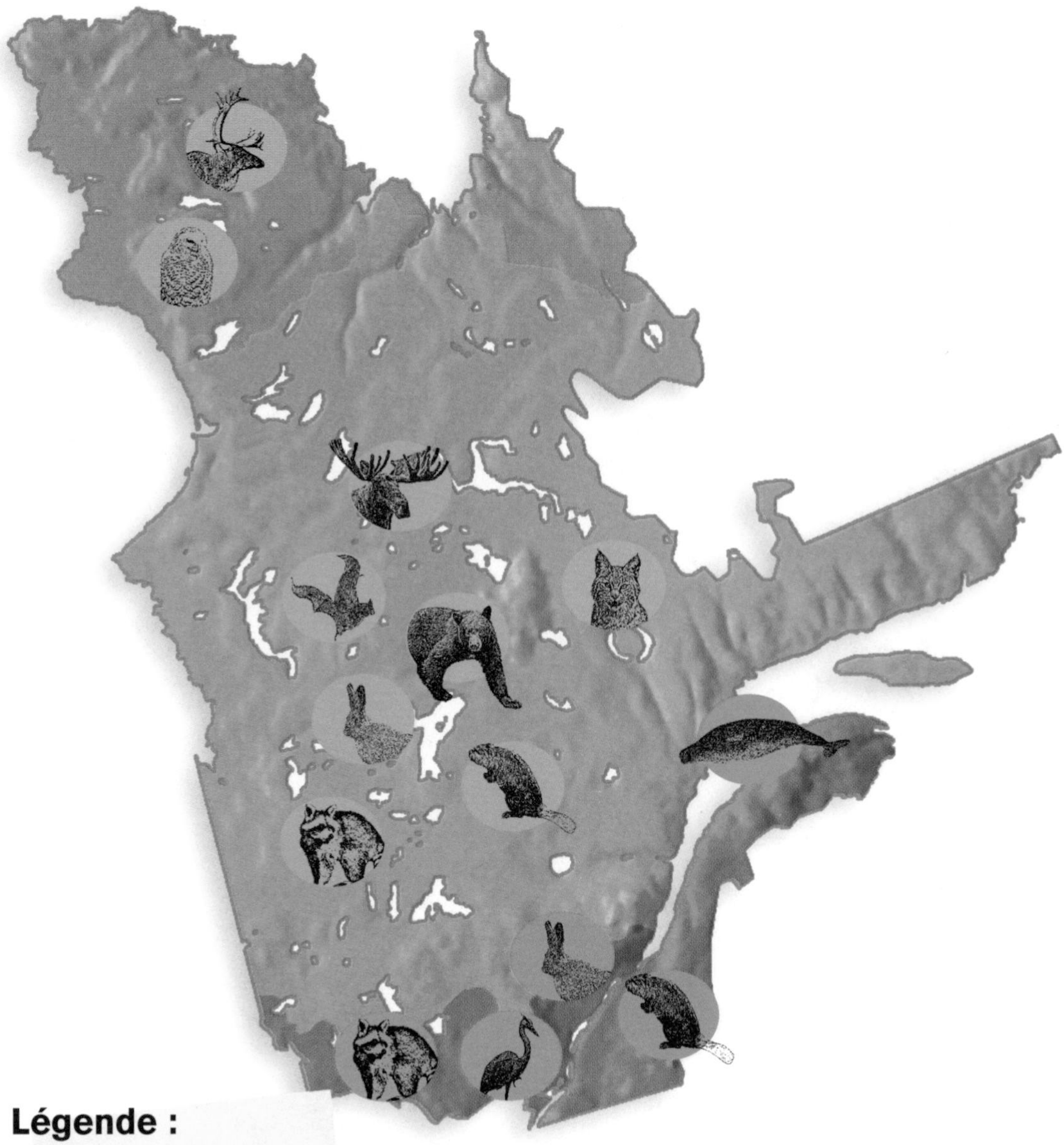

Légende :

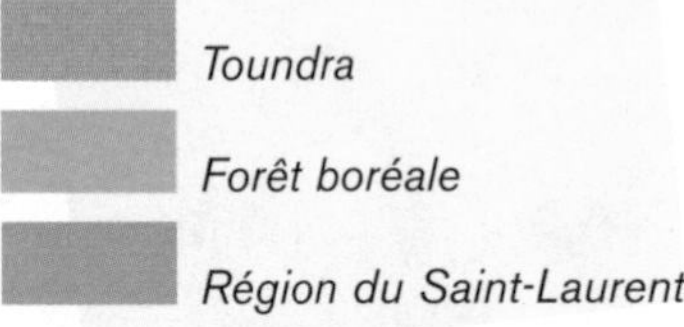

L'école tout l'été?

L'été est peut-être ta saison favorite. Il fait beau et chaud, tu peux t'amuser tout à loisir et pratiquer un grand nombre de sports. Mais, au fait, aimerais-tu aller à l'école tout l'été?

D'accord, tu te rappelles des chaleurs qui accompagnent la fin des classes et qui te font te tortiller à ton pupitre, mais as-tu pensé à quel point tu débordes d'énergie en été? Ce maximum d'énergie pourrait sans doute t'aider à te concentrer en classe.

En fait, les mois d'automne et d'hiver seraient mieux indiqués pour se reposer. Comme c'est le cas pour les animaux, notre corps réagit à l'arrivée du froid et lutte contre les rigueurs du climat. Le froid ralentit le métabolisme, l'organisme fonctionne plus lentement, les poumons et le cœur se ménagent. D'ailleurs, quand on attrape un rhume ou une grippe, on a probablement moins d'énergie pour combattre la maladie.

Alors, s'il y avait de l'école l'été, faudrait-il dire adieu aux vacances? Certes non. Il n'y aurait qu'à déplacer les congés. Une bonne période de repos est nécessaire pour refaire le plein d'énergie et bien démarrer une nouvelle année scolaire.

**Alors, l'école l'été?
Prends ton temps pour y penser.**

CHAPITRE II

Terminée la récréation des mammifères!

Froid en vue!

Le climat du Québec est reconnu pour ses températures extrêmes. Dans la région de Montréal, par exemple, il n'est pas rare que la température dépasse les 30 °C en juillet (généralement le mois le plus chaud) et descende sous –30 °C en janvier (le mois le plus froid). À titre d'information, la ville qui connaît des moyennes de température semblables à celles de Montréal est Moscou, la capitale de la Russie.

Certaines espèces d'insectes, d'amphibiens et d'arbres produisent même un antigel pour survivre à des froids de –40 °C. Pour les êtres vivants, la rude saison peut devenir une véritable épreuve.

Survivre à l'hiver, voilà donc le plus grand défi des animaux de chez nous. Dès les premiers signes de l'automne, quand les heures d'ensoleillement diminuent et que le temps se rafraîchit, les mammifères comprennent qu'ils doivent s'y préparer.

Des trucs pour survivre à une longue période de froid

TRUC N° 1 Les provisions

Comme tu le sais, les êtres humains font partie de la classe des Mammifères. Nous aussi avons le sang chaud et du poil sur le corps. De plus, nous avons été allaités à la naissance (certains de nous au biberon).

Quelles sortes de provisions fais-tu quand tu vas à l'épicerie?

Pour ne pas manquer de nourriture, les humains ont pris l'habitude de faire des provisions, comme bien des animaux. En général, nous faisons nos courses chaque semaine. Quand tu as faim, par exemple, il te suffit d'ouvrir le réfrigérateur et le garde-manger pour boire un verre de lait et grignoter un biscuit.

La marmotte, la chauve-souris, l'ours, la mouffette, le raton laveur et l'écureuil sont tous des mammifères, mais pour surmonter les privations imposées par l'hiver, ils adoptent des moyens différents.

Que fait notre ami l'écureuil? Tu l'as peut-être déjà surpris à creuser des trous dans la terre pour y cacher des cacahuètes. Ces cachettes font office de garde-manger d'hiver. À mesure que la saison froide avance, l'écureuil retrace ses pas et puise dans ses réserves. S'il lui arrive d'oublier l'emplacement de ses trésors, il peut compter sur son excellent flair pour les retrouver.

L'écureuil parvient à dénicher des glands enfouis sous un couvert de 30 centimètres de neige!

À l'approche de l'hiver, l'écureuil ne se contente pas de stocker, il mange aussi beaucoup plus; il se gave de fruits sauvages, de petits oiseaux, d'œufs, de graines, d'insectes et de champignons. Une couche de graisse enrobe progressivement son corps et, grâce à ce manteau adipeux, l'écureuil tolère mieux les grands froids.

La fourmi serait sûrement jalouse

La fourmi de la fable de La Fontaine, on le sait, était plus prévoyante que la cigale. Mais était-elle aussi acharnée à ses préparatifs pour l'hiver que l'Écureuil roux d'Amérique?

Ce tout petit écureuil peut entasser près de 125 kilos de nourriture dans son garde-manger d'hiver. Toute proportion gardée, un être humain qui souhaiterait faire autant de provisions devrait vider une épicerie au grand complet.

L'écureuil change également de logis. L'été, un nid de feuilles dans les branches lui suffit, mais l'hiver, il trouve refuge dans le sol ou dans le creux d'un arbre; un trou aménagé par le Grand Pic peut très bien lui convenir.

Le castor mise également sur ses provisions pour patienter jusqu'au printemps. Durant la saison froide, on peut rarement l'apercevoir, car il passe de sa hutte à ses réserves alimentaires par un tunnel submergé. Il accumule les plantes aquatiques, les ramilles et les branches choisies, ingénieusement accrochées à d'autres branches non comestibles qui sont fixées au fond de l'étang et qui s'ancrent éventuellement dans la glace. La nourriture est à portée de patte durant tout l'hiver.

Alors que nous remplissons le frigo chaque semaine, le castor commence vers la fin de l'été à faire des provisions qui resteront sous l'eau tout l'hiver.

Bien s'alimenter pour lutter contre le froid

Les mammifères et les oiseaux sont des animaux endothermes, c'est-à-dire qu'ils régularisent leur température corporelle grâce à des mécanismes internes. Pour conserver une température interne stable, les mammifères requièrent une plus grande quantité de nourriture que les autres classes d'animaux. Mais comment la nourriture peut-elle aider à maintenir la température du corps?

En fait, lorsque tu manges, une bonne partie de la nourriture est absorbée par ton organisme. Cette nourriture est transformée en très petites particules qui fournissent l'énergie dont ton corps a besoin pour fonctionner. Respirer, penser, jouer, manger, digérer et même lire sont autant d'activités que l'alimentation rend possibles.

Plus ton alimentation est équilibrée (grâce à une consommation quotidienne de fruits, de légumes, de produits laitiers, de céréales, de viande et de légumineuses), plus tu emmagasines l'énergie requise par

Combien de graisse peut accumuler un animal en prévision de l'hiver?

tes activités. Si tu fais beaucoup d'exercice, ton corps exige davantage d'énergie. À l'inverse, si tu es inactif, ton corps stocke des graisses; ce sont les réserves que tu pourras utiliser dans les moments qui demandent de l'endurance, une excursion, par exemple.

Pour maintenir ta chaleur à 37 °C environ et permettre à ton cœur, à tes poumons et à ton cerveau de fonctionner efficacement, ton organisme brûle l'énergie rapidement disponible ou puise dans les graisses de réserve. C'est un métabolisme (un phénomène) d'autant plus important que, chez l'humain, un abaissement de la température du corps de quelques degrés peut causer la mort. On parlerait alors de mort par hypothermie.

L'hiver, les animaux sont moins actifs, mais dépensent-ils moins d'énergie pour

La libération d'énergie

Quand il fait froid, le corps d'un mammifère ne ménage aucun effort pour maintenir sa température. Il doit produire de la chaleur en accélérant son métabolisme; on appelle ce processus la thermogénèse chimique.

Certains mammifères, comme les hibernants et les bébés humains, sont pourvus d'un tissu adipeux brun comparable à un coussin chauffant naturel. Le cerveau, qui règle le « thermostat » du corps par temps froid, envoie un message à une glande et celle-ci sécrète alors une hormone qui voyage dans le sang jusqu'au tissu adipeux situé dans le cou et les épaules. Cette hormone stimule la production de chaleur. Plus un animal est tolérant au froid, plus la température à laquelle ce processus se déclenche est basse. L'Orignal, par exemple, commence à transformer ses graisses en énergie à partir de –30 °C.

Il existe d'autres moyens de lutter contre les pertes de chaleur. Tu as sûrement déjà grelotté en sortant d'une piscine et tu tremblais comme une feuille, n'est-ce pas? Pour grelotter, l'organisme puise dans les réserves de graisse que tu as constituées en t'alimentant. Une fois transformées, ces graisses entraînent la production d'une réserve énergétique indispensable, un composé dénommé adénosine triphosphate (ATP). Le corps exploite cette réserve à la demande; en grelottant, ou même en bougeant vigoureusement, les muscles se contractent, ce qui transforme l'ATP en chaleur.

On pense que la température à laquelle se produit l'accélération du métabolisme, que ce soit à l'aide du tissu adipeux brun ou par grelottement, varie d'un animal à un autre.

Les animaux sont autrement mieux équipés que l'être humain pour résister au froid.

autant? Non, car il ne faut pas oublier que lutter contre le froid fait travailler le corps. À l'extérieur, la température peut facilement osciller entre –20 et –30 °C, et les grands vents ainsi que l'humidité accentuent les effets du froid. Les animaux qui passent la saison froide à l'abri accumulent une couche de graisse en prévision des périodes de privation. La réserve de graisse de l'Ours polaire peut atteindre 10 à 12 centimètres d'épaisseur.

Tu verras dans un chapitre suivant que la situation est différente pour les animaux à température variable tels les reptiles et les poissons. Ce sont des animaux ectothermes, ce qui veut dire que la température de leur corps dépend du milieu ambiant. Étant donné que l'environnement immédiat fixe leur température corporelle, la plupart d'entre eux choisissent d'hiberner pour ne pas avoir à lutter contre le froid. À l'abri dans la vase ou les crevasses, par exemple, ils résistent bien aux basses températures.

TRUC Nº 2
L'indispensable tenue d'hiver

Même si l'être humain possède des cheveux sur la tête et du poil sur le corps, il n'a pas le pelage épais de l'ours ou de la marmotte. Nous sommes moins bien protégés que les animaux pour faire face au froid et c'est la raison pour laquelle nous avons inventé l'attirail d'hiver : manteaux, bonnets, mitaines et bottes. Plus ces vêtements sont chauds, plus ils nous aident à conserver notre chaleur.

Qu'est-ce que le mimétisme?

Mais comment se débrouillent les animaux sans manteau ni bottes? Pour imaginer leur endurance, pensons simplement au Renard roux qui tolère une température de –13 °C avant de commencer à transformer ses graisses en énergie. Plus incroyable encore, son cousin nordique, le Renard arctique, tolère une température de –40 °C. C'est dire à quel point sa fourrure offre une protection efficace contre les froids mordants du Grand Nord.

Tout est dans le poil

Contre le froid, les mammifères disposent d'un net avantage sur d'autres classes d'animaux : ils ont une double pilosité.

Les poils longs confèrent au pelage sa couleur dominante et permettent de protéger l'intérieur de la fourrure. Plus nombreux, les petits poils servent d'isolant. Les glandes sébacées situées à la base des petits poils sécrètent une huile qui imperméabilise la fourrure de l'animal, évitant à notre ami le castor, par exemple, de prendre froid lorsqu'il se mouille. Les poils ont aussi la capacité de se hérisser (comme ils le font sur tes bras lorsque tu as la chair de poule), ce qui permet à la fourrure d'emprisonner davantage d'air et de ralentir le refroidissement du corps.

De plus, la disposition des vaisseaux sanguins chez les mammifères contribue à conserver leur chaleur interne. Grâce à une réduction de la circulation dans les vaisseaux de l'épiderme, le sang se trouve moins exposé au froid. C'est ce qui permet au phoque et à la baleine (également des mammifères) de nager dans les eaux glaciales sans perdre leur chaleur.

Pour se dissimuler dans la neige, le lièvre prend les grands moyens : son pelage devient blanc.

Quand arrive la mue...

À l'approche de l'hiver, le pelage des animaux s'épaissit. Chez le lièvre, le poil des pattes devient plus touffu et le protège du froid tout en l'aidant à mieux se mouvoir dans la neige. Les petits poils fins du corps se multiplient et emprisonnent alors un plus grand volume d'air qui sert d'isolant thermique. Les grands poils remplissent les mêmes fonctions.

En été, le pelage redevient plus léger et permet à l'animal de mieux tolérer la chaleur. Bref, la longueur, le nombre et parfois même la couleur des poils d'un animal changent avec les saisons.

L'art du mimétisme ou se camoufler pour survivre

As-tu déjà remarqué à quel point l'aspect des animaux dépend du milieu dans lequel ils vivent? Les mammifères sont généralement difficiles à observer dans la nature parce que leur pelage tacheté, rayé, ou bigarré se confond avec le milieu et permet d'estomper leur silhouette.

Dans les régions nordiques, les mammifères sont plutôt blancs et peuvent se camoufler facilement rien qu'en se couchant sur la neige.

Mais pourquoi donc se camoufler? C'est que les animaux cherchent à passer inaperçus des prédateurs ou de leurs proies. Il suffit de penser aux soldats qui revêtent des uniformes tachetés de vert, de brun et de kaki pour compendre que le camouflage peut aider à ne pas être vu de l'ennemi ou à le surprendre.

Pour se protéger de leurs prédateurs, certains mammifères poussent l'art du camouflage encore plus loin, allant jusqu'à changer de couleur.

Quand arrive l'hiver, le Lièvre d'Amérique troque sa fourrure brun-gris pour un pelage blanc. On pense que les variations de température et la photopériode provoquent cette mue. Les scientifiques n'ont cependant découvert aucun lien entre la couleur du pelage et sa propriété isolante.

L'Hermine et la belette, qui sont des prédateurs du Lièvre d'Amérique, changent aussi de livrée avec les saisons pour mieux se fondre dans le décor. C'est donc un jeu qui peut se jouer à deux.

TRUC N° 3
L'hibernation, toute une économie d'énergie

La marmotte prend soin de manger copieusement avant septembre pour faire ses réserves de graisse et survivre à un jeûne qui dure jusqu'en février ou

Durant l'hibernation, le cœur de la souris sauteuse bat 30 fois par minute au lieu de 500 ou 600 fois.

Dormir 200 jours la tête en bas, est-ce possible?

en mars. Cette graisse, qui peut représenter 55 % de sa masse totale, lui fournit les éléments nutritifs nécessaires pour garder sa chaleur tout l'hiver, son pelage épais aidant.

Pendant cette longue période d'engourdissement, la marmotte vit au ralenti. Sa température interne chute de 37 °C à moins de 15 °C, son cœur bat à peine (passant de 80 à 5 pulsations minute environ) et elle ne respire que de deux à quatre fois par minute. Son sommeil est interrompu par de brefs réveils tous les quatre à six jours. Au terme de son hibernation, la marmotte aura perdu jusqu'à 37 % de sa masse à force de puiser dans ses réserves.

Un animal en hibernation dort si profondément qu'il est presque impossible de le réveiller. Et c'est heureux, car il brûlerait une bonne partie des réserves essentielles à sa survie.

Peu de mammifères hibernent, au sens strict du terme. Hormis la marmotte, les autres espèces qui plongent dans un état de torpeur sont la Souris sauteuse des champs, la Souris sauteuse des bois, le Tamia mineur, le Tamia rayé ainsi que cinq des huit espèces de chauves-souris du Québec.

L'Ours noir, quant à lui, n'est pas un véritable hibernant. Lorsqu'il a trouvé

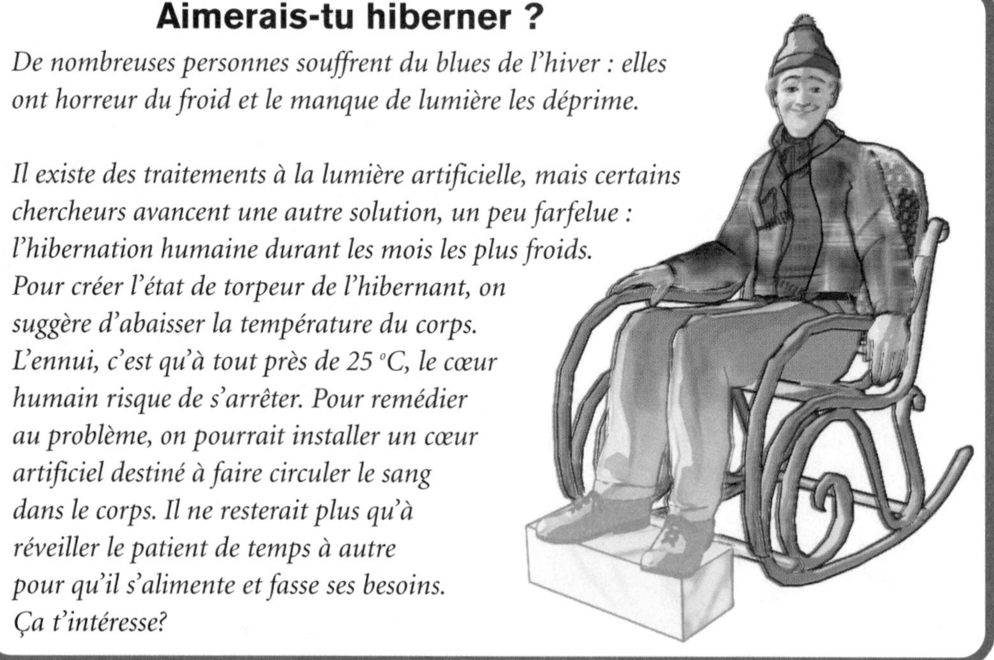

Aimerais-tu hiberner ?

De nombreuses personnes souffrent du blues de l'hiver : elles ont horreur du froid et le manque de lumière les déprime.

Il existe des traitements à la lumière artificielle, mais certains chercheurs avancent une autre solution, un peu farfelue : l'hibernation humaine durant les mois les plus froids. Pour créer l'état de torpeur de l'hibernant, on suggère d'abaisser la température du corps. L'ennui, c'est qu'à tout près de 25 °C, le cœur humain risque de s'arrêter. Pour remédier au problème, on pourrait installer un cœur artificiel destiné à faire circuler le sang dans le corps. Il ne resterait plus qu'à réveiller le patient de temps à autre pour qu'il s'alimente et fasse ses besoins. Ça t'intéresse?

Calendrier des longs sommeils hivernaux

	SEPT.	OCT.	NOV.	DÉC.	JANV.	FÉVR.	MARS	AVR.	MAI
Marmotte	ZZZzzz							Réveil	
Souris sauteuse	ZZZzzz								Réveil
Chauve-souris brune		ZZZzzz							Réveil
Tamia rayé	ZZZzzz						Réveil		
Tamia mineur		ZZZzzz							Réveil

une tanière vers la fin de novembre, il plonge dans un sommeil léthargique plus léger que celui de la marmotte. Jusqu'à la fin de mars ou au début d'avril, le métabolisme de l'ours ralentit un peu et il vit à même ses réserves de graisse.

Des stations d'hibernation pour chauves-souris

Certaines chauves-souris, dont la Petite Chauve-souris brune, hibernent — la tête en bas — d'octobre à mai, soit jusqu'à 200 jours par année! D'autres membres de la famille des Vespertilionidés (amuse-toi à dire ce mot plusieurs fois très vite), comme la Chauve-souris nordique, la Chauve-souris pygmée, la Chauve-souris ou Pipistrelle de l'Est, hibernent durant une période variable dans des grottes humides ou des mines désaffectées.

Les endroits pour hiberner étant de moins en moins nombreux (les vieilles forêts sont

Pour hiberner, la chauve-souris a besoin d'un endroit tranquille, à température humide et constante.

Y a-t-il une différence entre hiberner et hiverner?

abattues, les grottes naturelles envahies par les humains et les vieux bâtiments démolis), le gouvernement du Québec a pris des mesures pour faire aménager plusieurs mines abandonnées en stations d'hibernation pour chauves-souris.

On se préoccupe beaucoup du sort des chauves-souris et certaines d'entre elles figurent même sur la liste des espèces menacées du Québec. Il faut dire qu'elles sont victimes de l'usage répandu des pesticides, puisqu'elles consomment quotidiennement l'équivalent de leur masse en insectes qui sont souvent aspergés de produits toxiques. Ces contaminants se retrouvent dans les graisses qui leur servent de réserves alimentaires durant l'hibernation et qui entrent également dans le lait maternel donné aux petits.

Hiberner ou hiverner, quelle différence?

Quand la nature plonge en état de dormance, la vie animale est privée de ses générosités. Pour pallier le problème de l'alimentation, les animaux adoptent différentes stratégies.

Les animaux hibernants, comme la marmotte, se réfugient généralement dans un terrier. Ils plongent dans un profond sommeil accompagné d'une hypothermie (un état où la température interne s'abaisse nettement), qui se termine avec le retour du temps doux.

Au lieu d'hiberner, certaines espèces hivernent, c'est-à-dire qu'elles passent l'hiver dans un endroit abrité. Elles entrent dans un état de torpeur entrecoupé de périodes de réveil.

D'autres espèces hivernent en migrant carrément vers les climats plus tempérés. C'est le cas de presque toutes les baleines du Saint-Laurent et de centaines d'espèces d'oiseaux.

Hiverner, c'est aussi une solution avantageuse

Tu as découvert que l'ours n'hiberne pas, mais qu'il hiverne. En fait, il sort à l'occasion de sa léthargie et se risque hors de son repaire.

Chez les faux hibernants, comme la mouffette, la température du corps s'abaisse moins que chez les vrais, comme la marmotte.

Les puissantes mâchoires du Carcajou lui permettent de manger de la viande gelée. Il s'est bien adapté à la vie de charognard.

Comme l'ours, d'autres animaux dorment durant de longues périodes et puisent leur énergie dans leurs réserves de graisse. Cependant, ils se réveillent de temps à autre et vont chercher de la nourriture à l'extérieur du gîte.

C'est le cas de la Mouffette rayée. Vers la fin de l'automne, la mouffette plonge dans une torpeur qui dure jusqu'en février. Pour économiser son énergie, elle cesse de s'alimenter et survit grâce à ses réserves, sortant de son terrier à l'occasion, lorsque la nuit n'est pas trop froide.

Le raton laveur dort plusieurs semaines d'affilée en état de torpeur et puise, lui aussi, dans ses réserves pour garder sa chaleur. Il se réveille de temps en temps, car son métabolisme reste élevé. On peut l'apercevoir se frayer un chemin dans la neige par des journées plus tièdes.

Au pays de l'hiver, un animal est roi

Il y a plusieurs années, le Nord du Québec était un paradis pour le Carcajou, aussi appelé Glouton. Traqué pour sa fantastique fourrure imperméable ou chassé par les humains qui le craignaient, le Carcajou semble avoir déserté notre territoire, se réfugiant plutôt dans l'Ouest du Canada et en Alaska. Les biologistes songent aujourd'hui à faciliter sa réimplantation au Québec, dans les forêts de conifères et la toundra.

L'hiver avantage le Carcajou. C'est durant la saison froide qu'il emmagasine les graisses pour survivre à sa maigre diète estivale. En effet, il se nourrit des mammifères morts de faim, pris dans les pièges des trappeurs ou ensevelis dans les avalanches de neige. Il a un flair très aiguisé et peut dénicher son repas sous une neige épaisse. Plus l'hiver est rigoureux et fait des victimes, plus le Carcajou trouve à manger.

Comment peut-on suivre certains animaux à la trace?

La migration du Caribou des bois

Le Caribou des bois fait partie de la famille des Cervidés comme l'Orignal et le Cerf de Virginie. Il vit dans le Grand Nord, en troupeaux appelés hardes, un terme propre aux bêtes sauvages. Les hardes, qui regroupent jusqu'à 50 individus du même sexe, assurent à chaque bête une certaine sécurité contre les prédateurs naturels que sont le Loup gris et l'Ours noir.

Le caribou est un grand migrateur : il change d'habitat selon la période de l'année. Normalement, la migration a lieu au printemps et à l'automne. Au printemps, la harde met le cap vers la toundra, car il est plus facile de détecter les ours et les loups dans les grands espaces. Les caribous y broutent les tiges et les ramilles des plantes et des arbustes ainsi que les lichens, ces plantes formées d'algues et de champignons qui poussent dans les endroits au climat rigoureux. C'est là qu'ils mettent au monde leurs petits.

L'automne venu, les hardes se dirigent vers le sud où poussent les forêts conifériennes du Grand Nord; les épinettes et les sapins offrent un abri contre les bourrasques hivernales. La neige y est également plus molle que dans la toundra et les bêtes ont facilement accès au lichen.

Le caribou est l'une des rares espèces de cervidés dont les mâles et les femelles portent des bois. L'hiver, seule la femelle garde ses bois, ce qui lui assure un accès à la nourriture pendant qu'elle est en gestation, c'est-à-dire lorsqu'elle porte son petit.

Le nom de caribou vient d'un mot algonquin signifiant « qui creuse avec une pelle ».

Le Cerf de Virginie migre également

Animal sédentaire du printemps à l'automne, le Cerf de Virginie se promène souvent seul, au contraire du Caribou des bois. Cependant, quand le temps est doux, on peut parfois observer le mâle, la femelle et leurs faons se côtoyer dans la forêt.

Quand arrive l'hiver, les cerfs se regroupent en troupeaux de quelques dizaines d'individus dans les ravages, ces habitats protégés du froid par les conifères et dont le nom évoque bien le sort que réservent ces animaux à la végétation.

Des déménagements surveillés par satellite... Faites suivre le courrier, S.V.P.

Grâce aux satellites, la Société de la faune et des parcs du Québec peut maintenant suivre à la trace les migrations de caribous chaque semaine. Des colliers radio-émetteurs ont été posés sur plus d'une trentaine de caribous dans des troupeaux distincts et ils transmettent des indications sur le déplacement des populations du Nord du Québec. On a ainsi constaté que certaines hardes peuvent parcourir jusqu'à 6 000 kilomètres par année pour se nourrir ou se protéger des loups et des insectes.

Si ça t'intéresse de consulter les cartes de migrations obtenues par télémétrie satellitaire, consulte le site <www.fapaq.gouv.qc.ca/fr/faune/caribou>.

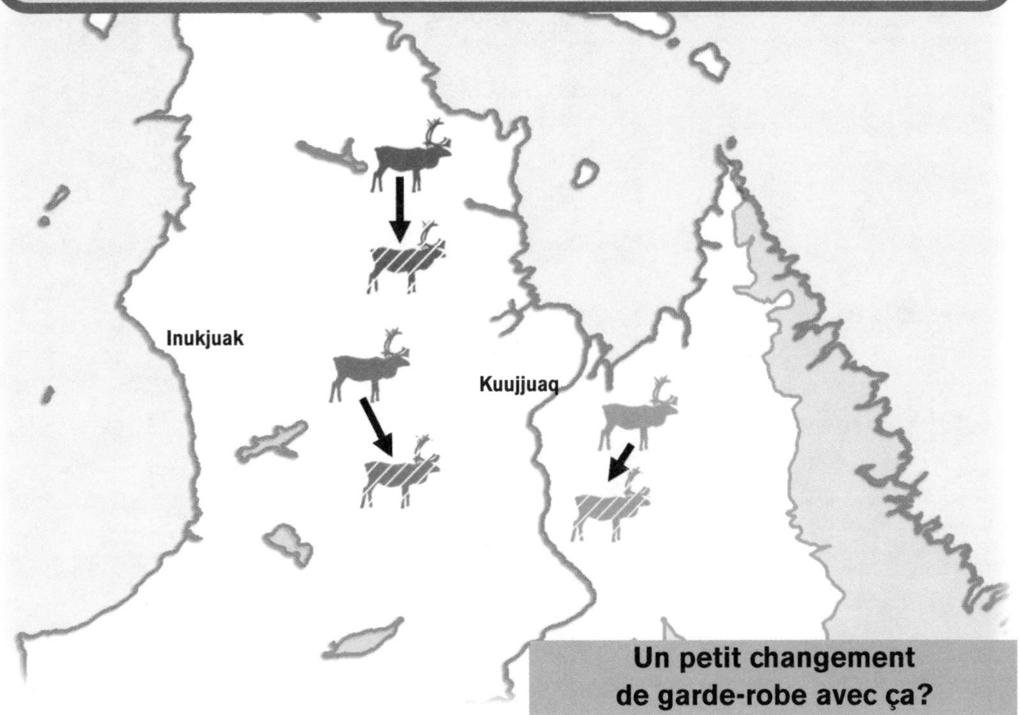

Un petit changement de garde-robe avec ça?

Au fil des saisons, les mammifères changent d'aspect, c'est qu'ils sont griffés

La fourrure a toujours la cote

	Collection estivale	Collection d'hiver
Lièvre d'Amérique	brun-gris	blanc
Hermine	dos brun foncé abdomen et intérieur des pattes blanc crème bout de queue noir	pelage blanc bout de queue noir
Lynx du Canada	brun fauve et noir	grisâtre

Un couvre-chef, ça donne du panache

	Pousse du panache	Perte du panache
Orignal (mâles seulement)	du printemps à l'été	entre décembre et février
Caribou des bois (mâles)	en avril	en janvier
Caribou des bois (la plupart des femelles)	de juillet à septembre	en juin
Cerf de Virginie (mâles seulement)	d'avril jusqu'à l'été	en janvier et février

L'Ecomuseum est un parc éducatif de la région de Montréal que l'on peut visiter toute l'année. Plus de cent espèces de mammifères, d'oiseaux, de reptiles, d'amphibiens et de poissons vivent en liberté dans les habitats naturels recréés pour eux.

« Et en captivité, les animaux perdent-ils le nord? »

« Les animaux qui n'hibernent pas restent actifs. Ils passent l'hiver dans leur cage et la neige peut y pénétrer facilement. Pour les ours et les ratons laveurs, qui ne sont pas de véritables hibernants, nous avons aménagé un repaire en forme de butte. On leur apporte du foin périodiquement. L'été, ils vont seulement y dormir tandis qu'en hiver, on les laisse y aller à leur rythme. Quand ils sont prêts, ils plongent dans leur sommeil hivernal.

Les abris pour les ours sont en ciment, et la température à l'intérieur de ces simili-cavernes ressemble beaucoup à la température d'un abri naturel. Quand les ours sont prêts, ils diminuent leur consommation de nourriture et entrent dans leur cachette.

Quant aux souris sauteuses, on place des cabanes à oiseaux dans leur enclos et elles peuvent les aménager avec les matériaux du sol en prévision de leur hibernation. Comme les souris disposent de tout ce que nécessite une hibernation, on n'a pas besoin d'intervenir. »

David Rodrigue
Directeur adjoint

Et les oiseaux, que font-ils en hiver?

CHAPITRE III

Les oiseaux, grands voyageurs par nécessité

Quand la nourriture manque

Imagine que ton réfrigérateur soit vide pendant plusieurs semaines. Que ferais-tu?

L'automne venu, de nombreux insectes adultes meurent tandis que d'autres dorment bien cachés, à l'état de larve; les oiseaux insectivores sont alors en panne de nourriture. Les plantes, elles, se dissimulent sous la neige et ne fournissent plus de semences aux oiseaux granivores. La glace recouvre les nappes et les cours d'eau, privant ainsi d'autres oiseaux des mollusques, poissons ou grenouilles qu'ils ont l'habitude de manger.

Tu comprendras alors que les oiseaux ne migrent pas vers le Sud uniquement à cause du temps froid; ils nous quittent plutôt pour ne pas mourir de faim. Nécessité fait loi, comme dit le proverbe.

Faute de nourriture, les espèces ailées non résidantes (nicheurs migrateurs, de passage, visiteurs) nous quittent pour des contrées plus généreuses.

Mais pour quelle raison un oiseau qui migre vers les régions tropicales voudrait-il reprendre le chemin du Nord chaque année, après avoir déployé tant d'efforts et franchi des milliers de kilomètres? Pour la même raison qui l'a fait partir : la quête de nourriture.

Si les oiseaux sont toujours forcés de partir, pourquoi reviennent-ils?

Lorsque l'été revient, les oiseaux rappliquent pour profiter d'une nourriture abondante. Chez nous, la concurrence entre oiseaux est non seulement moins forte, mais les prédateurs sont également moins nombreux.

Les oiseaux omnivores, comme le Geai bleu, sont les mieux adaptés à notre climat car ils trouvent plus facilement de quoi manger : petits fruits, insectes, poissons, petits mammifères, graines dans les mangeoires, et même déchets de table.

Passer les Fêtes à la maison

Les oiseaux capables de dénicher de quoi survivre en hiver fêtent Noël avec nous. Ce sont des espèces dites sédentaires : pics, mésanges, chouettes, sizerins, becs-croisés, sittelles. L'atlas intitulé *Les Oiseaux nicheurs du Québec* en dénombre une quarantaine.

Même quand on est endurci, trouver de la nourriture relève parfois de la haute voltige. Pour ce faire, les oiseaux connaissent des stratégies efficaces.

En automne, le Grand Corbeau, le Geai bleu et la sittelle cachent de la nourriture dans les crevasses des arbres. La Mésange à tête noire stocke des graines dans les branches des conifères; parfois elle se regroupe en bandes d'une dizaine d'oiseaux, rendant ainsi la quête de nourriture plus productive.

Pas besoin de se serrer la ceinture quand on est un rapace

Alors que d'autres oiseaux souffrent de l'hiver, les rapaces, tels que la chouette ou le Grand-duc d'Amérique, se débrouillent plutôt bien.

En effet, les petits mammifères qui constituent leur principale source de nourriture font, malgré eux, du bruit en trottinant sur la neige et, dans les forêts dénudées, ce n'est pas le bruissement des feuilles qui peut couvrir le crissement de leur pas. Grâce à leur ouïe extrêmement fine, les chasseurs nocturnes peuvent percevoir les déplacements des animaux.

Les hivers où les conifères produisent moins de graines, la Sittelle à poitrine rousse se déplace davantage vers le sud de la province.

En plus de leur ouïe très développée, les rapaces, comme le grand-duc, possèdent une vue perçante; rien ne leur échappe.

Hiverner dans le sud… du Québec

En hiver, certains oiseaux se retirent dans la partie Sud du Québec.

Le Harfang des neiges, hôte du Grand Nord, hiverne de façon irrégulière dans le Sud de notre province, migrant parfois même jusqu'aux États-Unis. On pense que ses migrations sont liées au fait que le nombre de lemmings, sa principale source de nourriture, diminue périodiquement.

Tous les deux à cinq ans, la population de lemmings atteint un sommet. D'une part, une surpopulation de rongeurs dans un environnement aussi aride que la toundra épuise rapidement ses sources de nourriture, et les lemmings affamés se reproduisent moins. D'autre part, les prédateurs comme les rapaces, le Renard arctique, le Loup gris, la Belette pygmée et l'Hermine font des chasses record. Inévitablement, la population de lemmings chute. Cet exemple illustre bien l'interdépendance des espèces animales.

Hiverner dans les contrées exotiques

Certains oiseaux ont pris un abonnement dans les pays chauds. Avec plus de nourriture et d'heures d'ensoleillement, le Mexique, les États du Sud des États-Unis et les îles des Caraïbes ont de quoi attirer les voyageurs.

Du Grand Héron au colibri, nos paysages se vident de toutes sortes de créatures ailées. On dit de ces oiseaux qu'ils sont « migrateurs » parce qu'ils changent de région avec les saisons. Nous avons au moins le bonheur de les admirer chez nous une partie de l'année.

Les canards, les oies, les bernaches, les parulines et les roselins sont quelques-uns des oiseaux qui partent en automne et reviennent au printemps.

Qu'est-ce que ça donne de voler en V?

Les Canards noirs et les Oies des neiges migrent

Les Canards noirs sont des oiseaux aquatiques, c'est-à-dire qu'ils vivent près de l'eau. Ils aiment beaucoup fréquenter les rives du fleuve Saint-Laurent. À la fin de l'automne, les cours d'eau commencent à geler, murant l'accès aux plantes aquatiques, aux mollusques et aux crustacés. Les grains de céréales se font également rares dans les champs récoltés.

En novembre, les Canards noirs lèvent le camp, certains cinglant vers l'Est des États-Unis. Pour pouvoir séjourner près des étangs d'eau saumâtre (de l'eau salée qui ne gèle pas), ils franchissent ensemble des milliers de kilomètres.

Ils reviennent au Québec vers la mi-mars, pour s'y reproduire et y élever leurs petits qui naissent au mois d'août. En automne, quand les oisons peuvent voler, l'heure d'un nouveau départ sonne.

Les Oies des neiges, aussi appelées oies blanches, ne passent pas l'été au Québec, contrairement aux Canards noirs. Au printemps, elles sont plusieurs centaines de mille à transiter par notre province pour aller se reproduire dans les îles de l'Arctique du Grand Nord canadien, au nord de la terre de Baffin.

En automne, les oisons sont assez grands pour faire le voyage avec leurs parents jusqu'aux États du New Jersey, du Maryland, du Delaware et de la Caroline du Nord, après une escale chez nous. Les Oies des neiges volent à très haute altitude; tu as sûrement déjà pu en observer.

Seuls les fous ne changent pas d'idée

La Bernache du Canada a l'habitude de nicher dans le Grand Nord et de migrer parfois jusqu'au nord du Mexique, mais voilà que de plus en plus d'individus passent l'hiver dans le Sud du Québec. Sont-ils courageux ou déboussolés?

C'est uniquement en automne et au printemps qu'on peut apercevoir les Oies des neiges, alors qu'elles font escale le long du Saint-Laurent, principalement au cap Tourmente et à Montmagny.

En fait, ce qui retient certaines Bernaches du Canada parmi nous, c'est la plus grande disponibilité de nourriture et les conditions de vie plus faciles à proximité des lacs et des parcs en milieu urbain.

Le vol en formation : U, V et autres lettres de l'alphabet aviaire

Le vol en formation n'est pas unique aux Grandes Oies des neiges. D'autres oiseaux, comme les bernaches, migrent en formation et l'oiseau de tête mène la volée à la pointe du V.

Qu'ils volent à la file indienne, en U ou en V, les oiseaux nous donnent un spectacle plein d'adresse.

Les grands migrateurs, des pilotes émérites

Intrigués par les mystères du vol en V, des scientifiques français ont entraîné huit Grands Pélicans blancs à voler en formation. Les chercheurs ont placé sur les oiseaux des électrodes afin de comparer leur fréquence cardiaque durant le vol en formation et le vol en solo.

Leurs résultats ont démontré que le vol en V confère aux pélicans un avantage aérodynamique parce qu'ils dépensent moins d'énergie; chaque individu profite d'un effet de déflexion vers le haut (une poussée qui le soutient) que crée le battement d'ailes de l'oiseau précédent. Ils planent plus longtemps, économisant jusqu'à 14 % de leur énergie.

On a cependant observé que des membres de certaines bandes, les oies notamment, dévient fréquemment de leur position optimale. Ils perdent alors une partie de l'économie d'énergie qu'ils auraient pu réaliser. Les oies, par exemple, en économiseraient à peine plus de 2 %.

Est-ce que le repas est servi durant le vol?

On s'est longtemps demandé pourquoi les grands oiseaux migrateurs adoptent cette stratégie. Certains pensent que c'est uniquement pour faciliter la communication et l'orientation.

D'autres estiment que cette stratégie permet aux oiseaux de réduire l'effort à déployer en vol. En battant des ailes, chaque oiseau produirait une turbulence dans l'air et attirerait en quelque sorte celui qui le suit.

Les voyages migratoires peuvent être longs et l'économie d'énergie est la bienvenue. On pense d'ailleurs qu'un voilier d'oiseaux peut parcourir une distance beaucoup plus grande qu'un oiseau seul.

La migration, discipline olympique?

La vie de nomade n'est pas de tout repos et certains oiseaux doivent faire face à des conditions parfois pénibles. Les oiseaux migrateurs ne parcourent pas tous la même distance. Certains doivent affronter le désert, d'autres survoler un golfe immense (comme celui du Mexique), des chaînes de montagnes et des océans. De plus, ils doivent se méfier des zones de chasse, surveiller les prédateurs et prévoir des haltes pour récupérer. De véritables défis olympiens!

Voyager en classe économique

La traversée à grande altitude constitue un moyen économique de se déplacer, car plus haut dans l'atmosphère circulent de

Chapeau aux oiseaux migrateurs

Les migrateurs doivent parfois traverser des conditions de vol extrêmes qui feraient même frissonner les pilotes de F-18. Les territoires qu'ils doivent traverser ne sont pas sans obstacle et poussent les oiseaux à accomplir des prouesses impressionnantes.

La Sterne arctique, qui niche aux Îles-de-la-Madeleine, sur la Côte-Nord du Québec et jusqu'en Arctique, est la championne des oiseaux migrateurs, car elle effectue le plus grand voyage migratoire. Elle hiverne en Antarctique pour y pêcher un minuscule crustacé, le krill, soit un petit voyage de 20 000 kilomètres!

Même si l'Oie à tête barrée n'est pas l'hôte du Québec, on peut néanmoins souligner sa performance. Elle parvient à voler au-dessus de la plus haute chaîne de montagnes au monde, l'Himalaya, c'est-à-dire à plus de 8 880 mètres d'altitude.

FAITES LE PLEIN! Prochaine station à plusieurs milliers de kilomètres

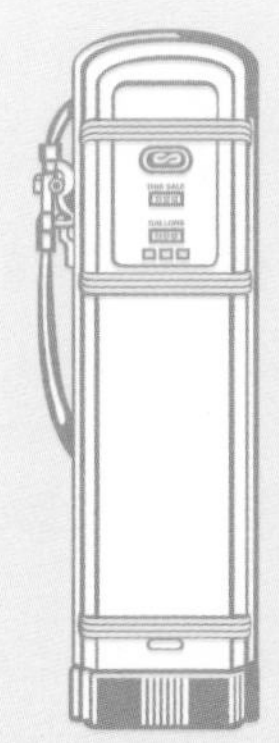

Une équipe de chercheurs suédois a étudié l'influence du champ magnétique terrestre (la terre agit comme un aimant) sur le déplacement de certains oiseaux migrateurs. Ils se sont demandé si les lignes de force du champ pouvaient aider les jeunes migrateurs à déterminer l'endroit où se ravitailler avant de reprendre le vol pour un long trajet. Quand on est un oiseau, la question revêt toute une importance, car une escale permet de se préparer à franchir la mer ou le désert, par exemple.

En laboratoire, les chercheurs ont recréé les lignes du champ magnétique qui existent entre l'endroit d'où partent des rossignols migrateurs et les abords du Sahara, le plus grand désert du monde à traverser. Après avoir exposé les jeunes rossignols à ce champ expérimental, les chercheurs ont constaté que les oiseaux ont consommé davantage de nourriture.

Le champ magnétique donnerait en quelque sorte le signal que c'est le moment d'accumuler des réserves avant d'entreprendre un voyage au long cours.

forts courants aériens. Les oiseaux en profitent pour se laisser porter, un peu comme le font les avions.

Les vents d'ouest sont des vents dominants puissants qui poussent l'air vers l'est. Tu as peut-être déjà remarqué que les raffineries de pétrole (comme celles situées à Pointe-aux-Trembles, dans la région de Montréal, ou à Saint-Romuald, dans la région de Québec) sont toujours construites à l'est des grandes villes. La raison en est fort simple : les vents de l'ouest poussent davantage d'air. En établissant les raffineries polluantes à l'est d'une ville, on sait que les émanations des cheminées sont chassées vers les grands espaces plus à l'est et ne s'ajoutent pas à la pollution urbaine. De la même façon, ces grands vents favorisent les avions qui partent de chez nous à destination de l'Europe.

Les oiseaux migrateurs qui veulent exploiter cet avantage doivent déployer beaucoup d'énergie pour atteindre

Comment les oiseaux trouvent-ils leur chemin?

1 000 et même 2 000 mètres d'altitude, mais le jeu en vaut la chandelle. Les oiseaux planent alors plus longtemps et économisent des battements d'ailes.

À basse altitude, les oiseaux doivent négocier avec le vent, la pluie et la neige, en plus de garder un œil vigilant sur les chasseurs à griffes ou... à chapeau.

Les oiseaux recherchent donc les conditions idéales : un vent de dos et une altitude favorable.

Naviguer sans carte ni boussole

Certains oiseaux se déplacent de jour, alors que d'autres préfèrent les équipées nocturnes; leur comportement migratoire est inscrit dans leurs gènes.

Pour ne pas se perdre, les oiseaux migrateurs se fient à leur vue et à leur ouïe,

Les oiseaux ne perdent pas le nord. Certains se repèrent grâce au soleil et aux étoiles.

suivant les repères terrestres : montagnes, cours d'eau et rives des océans. Mais comment font-ils pour s'orienter et parvenir à destination, même par mauvais temps?

Mis à part le relief géographique, on sait que les oiseaux se fient au soleil, aux étoiles, aux vents dominants et au magnétisme.

Il semble, en effet, que le champ magnétique terrestre aide les migrateurs à se diriger, et cela expliquerait que les jeunes oiseaux peuvent faire le voyage sans l'aide d'adultes expérimentés. Des particules de magnétite, un composé contenant du fer, seraient logées dans leur cerveau et sous leurs ailes. Cette boussole naturelle leur donnerait le sens inné de l'orientation, comme pour le Monarque, les tortues de mer et d'autres animaux.

Qui passe l'hiver ici lutte pour survivre

Les oiseaux sédentaires ne ménagent pas les efforts pour lutter contre le froid. Pour y parvenir, ils doivent pouvoir compter sur une saine alimentation, malgré la disette.

Le Merle d'Amérique, qui mange surtout des vers et des insectes en été, devient presque entièrement frugivore en automne. Les merles qui s'attardent ici en décembre et en janvier mangent des petits fruits gelés dans les pommiers, les sorbiers et les cerisiers. Le Chardonneret jaune, le Cardinal rouge, la

L'hiver, le Geai bleu ne fait pas de caprices; tout est bon à manger.

Mésange à tête noire mangent des graines et des petits fruits gelés. Les pics, quant à eux, picorent les arbres à la recherche d'insectes engourdis.

Pour demeurer en santé, les oiseaux doivent également boire beaucoup d'eau. En été, les oiseaux en absorbent dans leur nourriture et s'abreuvent à même les ruisseaux, la rosée et l'eau accumulée dans les plantes.

Quand l'eau se transforme en glace, les oiseaux mangent de la neige pour se désaltérer, ce qui suppose qu'ils doivent ensuite lutter contre la perte de chaleur. Ce serait la même chose pour toi si tu mangeais un cornet de crème glacée à l'extérieur en hiver!

Les oiseaux sont plus résistants qu'on le pense

Si les mammifères gardent leur chaleur corporelle grâce à leur pelage, nos amis ailés le font d'une autre manière tout aussi efficace.

Outre quelques réserves de graisse, beaucoup d'oiseaux migrateurs voient leurs plumes se multiplier. La densité du plumage du Chardonneret jaune, par exemple, augmente de 50 %, et un édredon de plumes, ça tient chaud.

Qu'est-ce que ça donne de gonfler ses plumes?

Comme chez les mammifères, le réchauffement corporel des oiseaux se fait grâce à la thermogénèse, soit la production de chaleur interne par la transformation des aliments.

Sous l'effet du froid, les oiseaux peuvent également grelotter. Le frissonnement requiert une contraction des muscles qui puise dans l'adénosine triphosphate du corps (l'ATP expliquée à la page 26); l'énergie ainsi libérée réchauffe l'organisme. Pour profiter au maximum de cette précieuse chaleur, certains canards se serrent les uns contre les autres. D'autres espèces, comme les mésanges, se réfugient en groupe dans des cavités ou des trous forés par des pics.

Bref, le peuple aérien produit de la chaleur en hiver de manière très efficace. Pas étonnant que l'on retrouve davantage d'oiseaux que de mammifères dans les contrées extrêmes de la planète.

Les oiseaux se réchauffent dans la neige

Plusieurs oiseaux des régions nordiques, dont la gélinotte, aussi appelée perdrix, se blottissent dans la neige lorsqu'il gèle à pierre fendre. Pour éviter de perdre sa précieuse chaleur corporelle, la gélinotte s'y enfonce et peut ainsi passer la nuit à l'abri des intempéries et du froid.

La température de la neige se situe parfois vingt degrés au-dessus de celle de l'air, de sorte que les oiseaux y trouvent refuge des heures, parfois même des jours durant.

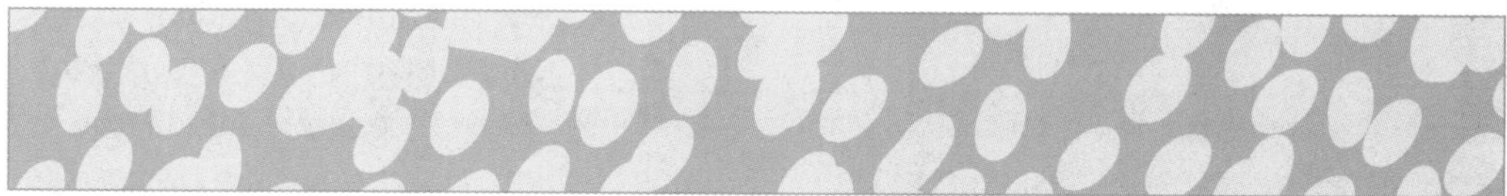

Pour un oiseau, le simple fait de gonfler ses plumes le protège très efficacement du froid. L'air emprisonné dans le plumage sert de matière isolante, de la même façon que la mousse de polystyrène installée dans les murs de ta maison coupe le froid venant de l'extérieur.

À défaut de mitaines, de chaussettes et de bottes, les canards protègent leurs pattes dans leur plumage, bien au chaud sous leur ventre. Et pour éviter que leur bec ne se refroidisse également par évaporation, ils le cachent dans leur dos, enfoui dans leurs ailes.

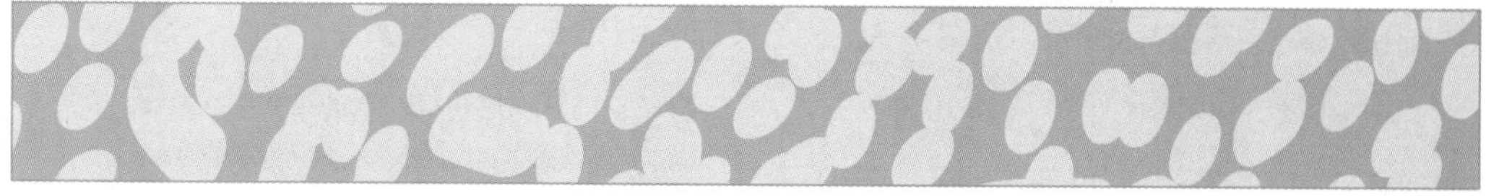

Les oiseaux changent de plumage, c'est dans le vent!

	Collection d'été	Collection d'hiver
Chardonneret jaune (mâle)	jaune vif	olivâtre
Étourneau sansonnet (mâle)	noir violacé luisant long bec jaune	noir avec mouchetures blanches et dorées bec noir
Bruant des neiges (mâle)	noir sur le dos, les ailes et la queue, taches blanches sur la tête et le corps bec noir	dos rayé chamois et noir, calotte noire, chamois sur les flancs et la poitrine, bec jaune orangé

Un petit changement de costume avec ça?

Lorsque le temps se refroidit et que les heures d'ensoleillement diminuent, le plumage de nombreux oiseaux mue pour offrir un meilleur camouflage. Le Tangara écarlate mâle, qui arbore un magnifique plumage rouge feu l'été, prend en hiver les tons verdâtres et jaunâtres de la femelle. Quant au Guillemot à miroir, il passe quasiment du noir au blanc.

Le plumage des lagopèdes devient blanc comme le paysage neigeux, sauf la queue qui reste noire. Pour la circonstance, des plumes garnissent également leurs pattes. C'est qu'on gèle dans le Nord québécois!

Verglas de 1998 : État d'alerte pour nos oiseaux

La pluie devient verglaçante quand la température oscille légèrement sous zéro. Les gouttelettes se transforment rapidement en glace au sol, causant divers problèmes : accidents routiers, bris de branches et même chutes de fils électriques alourdis par la glace accumulée. Au banc des accusés, les sautes de température de plus en plus difficiles à comprendre.

La tempête de verglas de janvier 1998, la plus dévastatrice du genre, a eu de graves conséquences sur le Sud-Ouest du

L'être humain influence-t-il la migration des oiseaux?

Québec. Notre province a été presque paralysée durant sept jours de pluie glacée. Bilan : des milliers de kilomètres de lignes électriques et de câbles téléphoniques détruits, 900 000 foyers privés d'électricité pendant des jours et des millions d'arbres endommagés.

Le verglas est une épreuve climatique particulièrement difficile pour les oiseaux.

Une telle tempête cause forcément du tort à la flore et à la faune. La croûte qui a tout enveloppé a non seulement abîmé les végétaux, mais aussi empêché plusieurs espèces d'oiseaux de se nourrir normalement.

Des études menées en collaboration avec le Service canadien de la faune ont révélé que les espèces ailées ayant le mieux surmonté le verglas sont celles qui vivent dans les endroits habités par les humains.

Les espèces qui s'alimentent surtout au sol et fréquentent plutôt la ville ou les régions agricoles, comme le Pigeon biset et la Tourterelle triste, ont été moins touchées que les espèces qui s'alimentent dans les arbres, telles que le Pic chevelu, le Pic mineur et la Mésange à tête noire.

Le Moineau domestique, ce petit oiseau de ville, a cependant beaucoup souffert parce qu'il est peu résistant à la famine. En revanche, l'Étourneau sansonnet a bien tiré son épingle du jeu, probablement en raison de sa nature opportuniste et de son régime alimentaire très varié.

Pendant la tempête, la Tourterelle triste a migré dans les zones épargnées par le verglas et le Pigeon biset s'est abrité dans les constructions. Les oiseaux capables de tenir quelques jours sans manger ont été favorisés. Seule exception, le Geai bleu dont la population a chuté de façon importante même s'il peut jeûner quatre jours. N'ayant pas d'abri naturel pour se protéger du verglas, il semble avoir beaucoup souffert du froid.

Heureusement, les oiseaux sont tenaces et s'adaptent vite. Selon André Cyr, ornithologue bien connu au Québec, les oiseaux ont une étonnante capacité de se remettre d'un désastre naturel. Les espèces commencent à se rétablir d'une chute de population après une saison de nidification, et il n'y paraît souvent plus après seulement quelques années.

*André Cyr est un passionné des oiseaux dont il est d'ailleurs bon imitateur. Il enseigne l'écologie et l'ornithologie à l'Université de Sherbrooke et a produit, avec Jacques Larivée, l'*Atlas saisonnier des oiseaux du Québec*.*

« Modifions-nous la migration des oiseaux? »

La migration est davantage influencée par les facteurs naturels que par les actions de l'homme, mais les changements migratoires que nous observons chez les oiseaux sont notamment dûs à l'augmentation ou à la diminution de leur population que provoquent nos aménagements, qu'ils soient positifs ou non.

La création de refuges pour protéger l'Oie des neiges, par exemple, a eu pour effet de faire passer une population de 60 000 individus il y a plusieurs décennies à quelque 800 000 aujourd'hui. La conservation a eu une incidence non pas sur le trajet, mais sur les haltes migratoires. L'Oie des neiges occupe maintenant un plus grand nombre d'aires d'alimentation et de repos au Québec.

Même chose chez les goélands. Nourri aux frites et aux restes de nourriture aux abords des restaurants-minute, visiteur familier des sites d'enfouissement sanitaire, le Goéland à bec cerclé a augmenté en nombre. Une population de plusieurs centaines d'individus niche maintenant près de Brompton alors qu'elle y était absente il y a deux décennies environ.

André Cyr, Ph.D.
Professeur en écologie
Université de Sherbrooke

Et les poissons, que font-ils l'hiver venu?

CHAPITRE IV

Dans l'eau glaciale, l'activité ralentit

Le Québec, de l'eau et de la vie

Riche de milliers de lacs et de rivières, le Québec est un véritable paradis pour les poissons, les grenouilles, les tortues et… les pêcheurs. C'est dans notre majestueux fleuve Saint-Laurent que se jettent les rivières où nagent près de 200 espèces de poissons.

Les eaux du Saint-Laurent deviennent saumâtres dans son estuaire. À cette embouchure, l'eau douce (celle que tu bois) rencontre l'eau salée des courants de l'océan Atlantique. C'est aussi dans ce milieu saumâtre particulier que plusieurs espèces de baleines viennent se nourrir, au grand bonheur des touristes. Admirer ces mammifères marins qui émergent et soufflent, quel spectacle!

L'eau coule… au fond

Les froids automnaux font chuter la température des nappes et des cours d'eau. Plus l'eau se refroidit, plus sa densité augmente et plus elle « coule » vers le fond.

Les poissons hibernent-ils?

L'eau froide entraîne avec elle une bonne quantité d'oxygène et d'éléments nutritifs précieux aux organismes qui vivent en profondeur. Ce phénomène s'appelle « brassage des eaux » et il joue un rôle important : la répartition des ressources dont les plantes et les organismes du fond ont besoin pendant l'hiver.

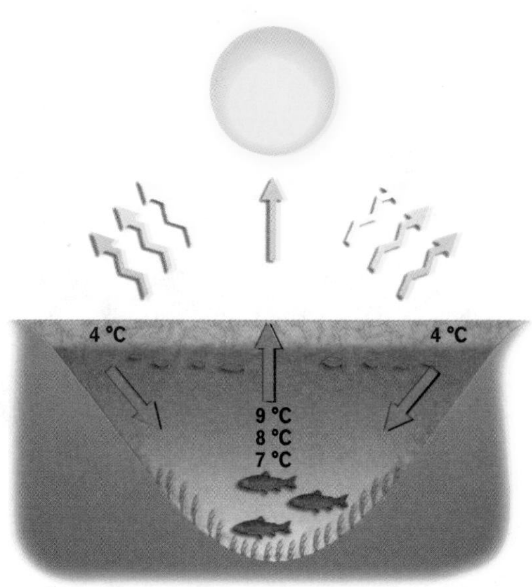

Le brassage des eaux en automne est un phénomène important qui permet de distribuer les ressources nutritives à tout un écosystème.

Allô l'hiver!

Progressivement, ce mouvement d'eau refroidit complètement un lac. C'est à 4 °C que l'eau atteint sa densité maximale (souviens-toi que la glace flotte) et que la température du lac devient uniforme à n'importe quelle profondeur.

Avec le temps froid, la glace se forme à la surface, stoppant les échanges d'oxygène; heuseusement que plus l'eau est froide, plus elle contient d'oxygène. La baisse des températures de novembre à janvier fait épaissir la croûte de glace, puis la neige se met de la partie et prive les plantes aquatiques des rayons du soleil. Le monde vit au ralentit mais ne meurt pas.

L'eau gèle lorsqu'elle a cédé toute sa chaleur à l'air froid. Sur une rivière, la glace se forme moins rapidement qu'à la surface d'un lac puisqu'elle est alimentée par de l'eau agitée qui possède encore de la chaleur. Tu as peut-être déjà observé que ce sont les berges tranquilles et moins profondes de la rivière qui se cristallisent en premier.

Les eaux du golfe du Saint-Laurent, elles, contiennent du sel et ne gèlent pas complètement. En fait, le sel abaisse la température à laquelle l'eau durcit. Normalement, à 0 °C, l'eau se transforme en glace, mais l'eau salée peut atteindre –2 °C avant de geler.

Les poissons prennent froid

Pour les poissons, la glace qui recouvre les lacs est une bénédiction, car elle constitue un bon isolant thermique entre l'eau et l'air glacial. Elle empêche l'eau de céder sa chaleur à l'air de telle sorte que la température d'un lac de bonne profondeur se maintient aux environs de 4 °C partout, sauf à la surface.

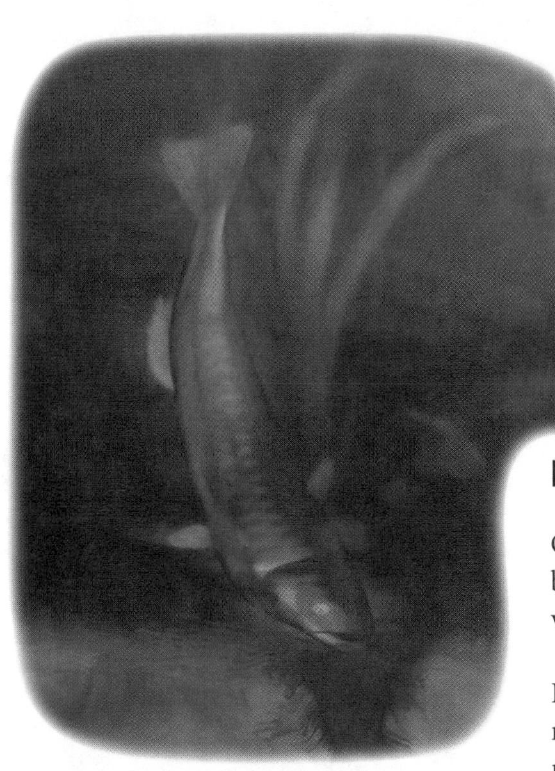

Un lit de boue, voilà un abri douillet pour passer l'hiver quand on s'appelle barbotte.

Étant donné que les poissons sont des animaux ectothermes (la température de leur sang varie selon le milieu), ils prennent littéralement froid. Dans la mer, où l'eau salée peut descendre sous zéro sans geler, certaines espèces de poissons produisent des protéines antigel comme les glycopeptides et les peptides pour se protéger d'un gel corporel.

À des températures frisant 0 °C, difficile de fonctionner pour les poissons. Certains d'entre eux entrent alors dans un état de dormance qu'on pourrait qualifier de semi-hibernation. On appelle cet engourdissement progressif « quiescence ». Le métabolisme fonctionne au ralenti et la respiration diminue considérablement.

Des poissons migrateurs

Quelques espèces de poissons ont la bougeotte et migrent périodiquement vers les eaux plus clémentes.

Le Saumon atlantique, par exemple, migre vers l'océan pour profiter d'une nourriture abondante. C'est un poisson dit « anadrome », car il vient au monde en rivière, grandit en mer et retourne en rivière pour s'y reproduire.

Il n'est pas le seul poisson à entreprendre une migration. La Truite mouchetée et l'Omble de l'Arctique, des Salmonidés marins, vont également grandir en mer pour revenir dans la rivière qui les a bercés.

Vers la fin de l'automne, le Saumon atlantique s'active autour de ses frayères, des nids creusés à coups de nageoires par la femelle pour y déposer des milliers

Comment le saumon retrouve-t-il la maison?

d'œufs. Le fond d'une frayère est couvert de gravier et constamment oxygéné par un bon courant.

Dès que le mâle a fertilisé les œufs, la femelle se hâte de recouvrir ses rejetons de gravier pour éviter qu'ils ne finissent dans l'estomac d'autres poissons. En général, le saumon meurt après la ponte.

Les œufs du saumon éclosent avec l'arrivée du printemps. Les saumoneaux, appelés tacons lorsqu'ils mesurent entre quatre et douze centimètres, doivent attendre de deux à cinq ans avant d'entreprendre leur première migration vers la mer.
Aux portes de l'hiver, les jeunes saumons descendent le courant de la rivière jusqu'à l'estuaire du Saint-Laurent d'où ils entreprennent un voyage de quelques milliers de kilomètres jusqu'à la côte Ouest du Groenland, faisant preuve d'un incroyable sens de l'orientation. C'est en mer que les saumons deviennent adultes.

Mémoire de poisson

Le saumon est un poisson exceptionnel, car après plusieurs années en mer, il retourne au cours d'eau qui l'a vu naître pour frayer à son tour.

Avec détermination, il remonte les cours d'eau un à un, luttant contre le courant et sautant par-dessus les chutes qui lui barrent la route. On pense qu'à l'instar des oiseaux migrateurs, les saumons s'orientent grâce au magnétisme terrestre. Ils retrouvent leur rivière natale en se fiant à leur odorat extrêmement développé; ils reconnaissent les odeurs qu'ils y ont laissées.

Pars à la découverte du Saumon atlantique en visitant cette adresse : <http://www.lesaventures.com>

Le saumon : champion du saut en hauteur

Dans des conditions idéales, si le saumon bénéficie d'un courant d'eau très fort, il peut sauter une chute de 4 mètres suivant un axe de 90 degrés!

L'Anguille d'Amérique migre et meurt

L'anguille est un poisson catadrome, c'est-à-dire qu'elle vit en rivière et se reproduit en mer. Au Québec, on peut l'apercevoir dans nos rivières et nos lacs. Tu pourrais même la rencontrer sur la terre ferme lors d'une randonnée nocturne. L'Anguille d'Amérique peut vivre jusqu'à vingt ans.

Avant de mourir, la femelle entreprend un long voyage, passant par le fleuve et l'océan Atlantique pour se rendre jusque dans la mer des Sargasses, près des Bermudes.

Tout comme certains mammifères, l'anguille fait d'importantes réserves de graisse en prévision de cette expédition. Une récente recherche sur l'Anguille d'Europe, qui effectue elle aussi le voyage vers la mer des Sargasses, a montré que ces réserves n'étaient pas destinées à soutenir un voyage de 6000 kilomètres, mais bien à favoriser le développement des glandes sexuelles pour la reproduction.

Des anguilles de plusieurs espèces y viennent des quatre coins du monde, et vont se côtoyer sans pour autant se mélanger. Les femelles frayent au milieu de l'hiver et leur progéniture, la civelle, qui mesure entre cinq et vingt centimètres, effectue seule le voyage de retour et surmonte nombre d'obstacles.

Espèces migratrices en péril

Esturgeon jaune

Esturgeon noir

Gaspareau

Alose savoureuse

Pour en savoir plus sur nos espèces en péril, consulte le site Web de la Société de la faune et des parcs du Québec :
<http://www.fapaq.gouv.qc.ca>

Des espèces migratrices en péril

Il existe plusieurs espèces de poissons anadromes (comme le saumon, ce sont des poissons qui naissent en rivière, migrent vers la mer et se reproduisent en rivière) à occuper des aires de fraies différentes.

Les Esturgeons jaune et noir, le Gaspareau et l'Alose savoureuse frayent généralement en juin, mais leurs aires de fraie ont été détériorées par divers aménagements sur les rivières du Québec.

Mais que font les baleines pendant ce temps?

Le canal de Beauharnois, construit il y a plus de cent ans, aurait notamment contribué à limiter l'accès des aloses aux frayères de l'Outaouais.

Dans les années à venir, il faudra améliorer la gestion des cours d'eau et tenir compte des besoins des espèces, des aires de fraies et des zones de croissance des alevins (les jeunes poissons). Certaines espèces revêtent une grande importance économique étant donné qu'elles sont pêchées commercialement. On suit les déplacements de l'Esturgeon jaune par télémétrie, au moyen de petits émetteurs.

Des mammifères marins de passage

La baleine est un honorable membre de la classe des Mammifères et appartient à l'ordre des Cétacés. Tout comme ses congénères terrestres, la baleine allaite ses petits. Elle a même conservé de son lointain ancêtre quelques traces de pelage autour des yeux.

Dans l'estuaire du Saint-Laurent, plus précisément à l'embouchure du fjord du Saguenay, près de Tadoussac, on retrouve plusieurs espèces de baleines appartenant à deux sous-ordres : les baleines à fanons (Mysticètes), comme le Petit Rorqual, le Rorqual commun, le Rorqual à bosse, et les baleines à dents (Odontocètes) comme le Béluga, le dauphin et le marsouin.

La baleine à fanons ouvre les mâchoires pour faire entrer une grande quantité de plancton et de petits poissons. Quand elle rejette l'eau superflue, ce sont les grandes lames cornées garnissant sa bouche qui retiennent la nourriture. La baleine à dents, quant à elle, se nourrit de poissons tels le capelan, le lançon et le hareng qu'elle attrape avec ses dents pointues.

Ce n'est pas par hasard que ces mammifères marins visitent l'embouchure du Saguenay pendant l'été. Un courant d'eau froide et salée — le chenal Laurentien — vient de l'océan Atlantique et entre dans l'estuaire, emportant dans

Pour se nourrir de krill, le Rorqual bleu s'aventure parfois dans les glaces du golfe Saint-Laurent à la fin de l'hiver et il risque d'y rester emprisonné.

Trois tasses de krill, s'il vous plaît

Le krill est un crustacé qui ressemble à une petite crevette translucide de quatre centimètres. Il vit en bancs qui comptent parfois des dizaines de millions d'individus.

Des chercheurs se sont demandés si cette minuscule crevette avait des vertus utiles à l'homme, et c'est ainsi qu'on lui a découvert plusieurs usages thérapeutiques. Le krill pourrait permettre de traiter des maladies cardiovasculaires, auto-immunes, de même que des tumeurs cancéreuses. Il aurait aussi la propriété de prévenir les rides.

La baleine doit-elle craindre la concurrence? Vu l'abondance de krill dans les mers, on n'entrevoit pas de pénurie, mais soyons vigilants.

son sillage le plancton et les poissons qui s'en nourrissent. Étant salée, cette eau plus dense circule sous le courant du fleuve (celui qui amène vers la mer l'eau douce des lacs et des rivières). À l'embouchure du fjord, le fleuve devient brusquement peu profond, ce qui favorise la remontée en surface du krill et des poissons dont raffolent les baleines.

Certaines années, le krill abonde et les baleines en font un festin. Quand moins de baleines visitent notre estuaire, on se doute bien que le krill a manqué le rendez-vous.

Le Rorqual bleu, le plus gros animal de tous les temps, se nourrit exclusivement de krill, ce qui explique qu'il fasse une escale gastronomique chez nous l'été. Quand les glaces commencent à se former, il repart en haute mer, vers les eaux tempérées.

Migrer pour se reproduire

Le Petit Rorqual et le Rorqual commun sont des baleines migratrices. En hiver, l'un et l'autre se dirigent vers les eaux plus chaudes des États-Unis pour s'accoupler et mettre bas. À la naissance, le baleineau (aussi appelé veau) est allaité par sa mère et peut se développer sans devoir lutter contre le froid. C'est la raison pour laquelle les baleines migrent. Au printemps, elles reviennent dans l'estuaire avec leur progéniture pour se gaver de nourriture.

Quand on est un reptile, où est-ce que l'on file?

« Même si les Rorquals à bosse qui nous visitent l'été migrent dans la mer des Caraïbes en hiver pour s'y reproduire, on en a déjà vu en Gaspésie en hiver.

En fait, les individus d'une espèce ne participent pas tous à la reproduction; certains sont trop jeunes, d'autres trop vieux. Comme le Saint-Laurent est très riche en nourriture même l'hiver, ces animaux trouvent avantageux d'y rester. Pourquoi migrer quand on a de quoi manger? Mais gare aux glaces! »

Patrice Corbeil
Directeur

Groupe de recherche et d'éducation sur les mammifères marins (GREMM)

Le Rorqual à bosse, qui visite surtout le golfe du Saint-Laurent à la hauteur de la basse Côte-Nord, passe l'hiver dans les eaux de la République dominicaine. Il s'y reproduit entre janvier et mars.

Le Dauphin à nez blanc fréquente plus rarement notre estuaire. En hiver, il migre vers les eaux chaudes voisines de Cape Cod.

Il existe un beau site Web où tu peux t'abonner gratuitement à un bulletin qui donne des nouvelles du large, à l'adresse : <http://www.baleinesendirect.net>

Difficile de distinguer une bande de bélugas dans la blancheur des banquises. Opération camouflage réussie!

Le Béluga, un résidant du fleuve pour le meilleur et pour le pire

Cette petite baleine toute blanche est le seul cétacé à vivre dans le Saint-Laurent été comme hiver. Quand la glace se forme dans l'estuaire, le béluga migre plus à l'est, vers le golfe du Saint-Laurent qui, généralement, n'est couvert de glace qu'à moitié. Entouré de banquises, il est peu visible. Les autres baleines enfuies, il partage une nourriture abondante avec, entre autres, le Phoque du Groenland qui, lui, compte sur la présence de la banquise pour mettre bas son petit, le blanchon.

Comme il réside dans le Saint-Laurent en permanence, le béluga est plus vulnérable à la pollution que les autres baleines. Bien que leur chasse soit interdite depuis plus de vingt ans, la population de bélugas du Saint-Laurent est en péril.

Depuis 1996, des mesures ont été prises par le ministère des Pêches et des Océans du Canada et le Fonds mondial pour la nature afin de rétablir l'espèce : réduction de la pollution fluviale, surveillance du trafic maritime, interdiction d'approcher les bélugas durant les croisières aux baleines, création du parc marin Le Saguenay-Saint-Laurent et sensibilisation du public.

Comment les reptiles et les amphibiens passent-ils l'hiver?

Les Reptiles

Les reptiles sont des animaux couverts d'écailles qui les préservent de la déshydratation, comme les serpents, ou munis d'une carapace, comme les tortues. La chaleur de leur corps varie en fonction du milieu et ils doivent se déplacer d'un endroit frais à un endroit chaud pour conserver une certaine température corporelle. C'est ce qu'on appelle des animaux ectothermes.

Quand le reptile prend un bain de soleil, son corps s'échauffe tandis que dans l'eau très froide, il se refroidit. C'est dire que lorsque la saison rude arrive, les reptiles doivent chercher refuge pour ne pas mourir gelés.

Au Québec, les couleuvres et les tortues sont les seuls reptiles qui peuplent librement la nature.

La Couleuvre rayée hiberne avec des congénères pour échapper au froid.

Une respiration bucco-pharyngée, c'est quoi?

Faire un tour ou faire un trou?

Cachée dans un terrier ou dans les fissures de roches sédimentaires à l'abri des températures froides, la Couleuvre rayée s'installe pour un long sommeil hivernal avec plusieurs de ses congénères. Elle sort de sa torpeur à l'arrivée du printemps.

La Chélydre serpentine, qui possède une longue queue et un bec corné bien pointu, est l'une des huit espèces de tortue d'eau douce qui peuplent le Québec. Elle cherche un endroit pour hiberner aux abords des ruisseaux ou des marais et se creuse un trou dans la vase pour y passer l'hiver. Ses réserves de graisse la maintiennent en vie, son métabolisme fonctionne au ralenti et elle respire par la peau l'oxygène que contient la boue.

Enfouie dans le sable jusqu'au cou, la Tortue-molle à épines hiberne, le cou étiré et la bouche ouverte pour permettre les échanges de gaz indispensables à la vie : l'oxygène et le gaz carbonique. On qualifie cette respiration de « bucco-pharyngée » car elle se fait dans la bouche et la gorge plutôt que dans les poumons. Le sang de la tortue-molle reste suffisamment oxygéné pour assurer les fonctions vitales.

On pense qu'un certain pourcentage des spécimens de tortue-molle, qui nidifient principalement dans la baie Missisquoi, partent hiberner au Vermont, avec des centaines de tortues d'autres espèces. Comme la tortue-molle est strictement aquatique, elle migre en empruntant les rivières. Elle préfère sans doute faire un tour avant de se faire un trou.

Les Amphibiens

Les amphibiens sont des animaux qui vivent dans l'eau quand ils sont jeunes. Ils respirent alors comme des poissons, par les branchies. Adultes, ils sortent de l'eau et s'adaptent à une respiration cutanée (par la peau), complétée par une respiration bucco-pharyngée ou pulmonaire (par les poumons).

La plupart des amphibiens se reproduisent dans l'eau. Comme chez les reptiles, la température interne des amphibiens est influencée par le milieu ambiant. La grenouille, le crapaud, la salamandre et le triton font partie de cette classe.

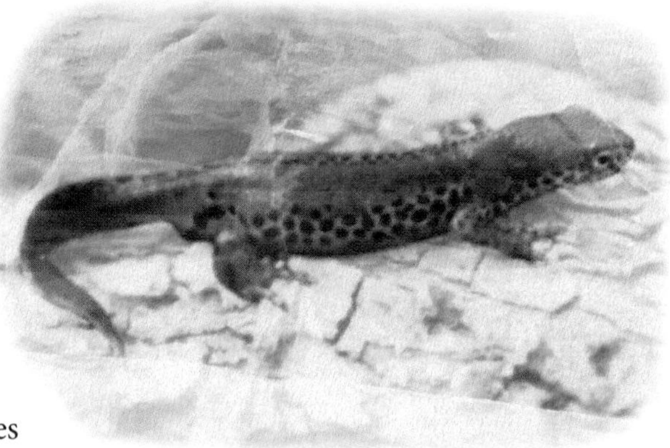

Le triton appartient à l'ordre des Urodèles, c'est-à-dire les amphibiens dotés d'une queue, alors que les grenouilles font partie des Anoures.

Attention, congélation en cours

Lorsque les jours raccourcissent, certains animaux, dits « tolérants au gel », entreprennent de se congeler eux-mêmes. Ils produisent alors une substance qui déclenche la formation de glace dans le corps, mais à l'extérieur des cellules qui, elles, sont de petites usines chargées de contrôler le fonctionnement de l'organisme. À titre d'information, ton corps se compose, entre autres, de milliards de cellules sanguines, nerveuses et reproductrices.

Pour contrôler la propagation de la glace dans leur corps, ces animaux fabriquent leur propre antigel. Quand la température extérieure chute et que la glace se forme sur la peau de la Grenouille des bois, l'organisme de l'amphibien commence à convertir le glycogène du foie et des muscles en glucose. C'est cette source énergétique essentielle qui sert d'antigel et qui se répand dans les principaux organes, empêchant la grenouille de geler à mort. On dit du glucose que c'est une substance cryoprotectrice.

En une journée, notre amie la grenouille est congelée, la moitié de son eau corporelle s'est transformée en glace et la température de son corps se situe légèrement sous 0 °C des jours durant. Le manteau de neige qui recouvrira enfin le sol servira d'isolant contre les plus grands froids.

Immobile jusqu'au printemps, la grenouille ne respire plus et son cœur cesse même de battre. Cependant, les cellules neurologiques, celles qui se trouvent dans le cerveau et qui ont besoin d'oxygène pour vivre, puiseront leur énergie dans l'ATP produite par la transformation du glucose.

Pas bête la grenouille!

Pendant la saison rude, nombre d'amphibiens hibernent, respirant tout ce temps par la peau. Certains passent l'hiver en milieu aquatique et d'autres en milieu terrestre. Le Crapaud d'Amérique et la Salamandre rayée creusent tous deux leur trou dans le sol pour s'abriter des

Quel est le rapport entre grenouille et crème glacée?

intempéries. Le Triton vert, du même ordre que les salamandres, passe l'hiver actif sous la glace qui recouvre les étangs.

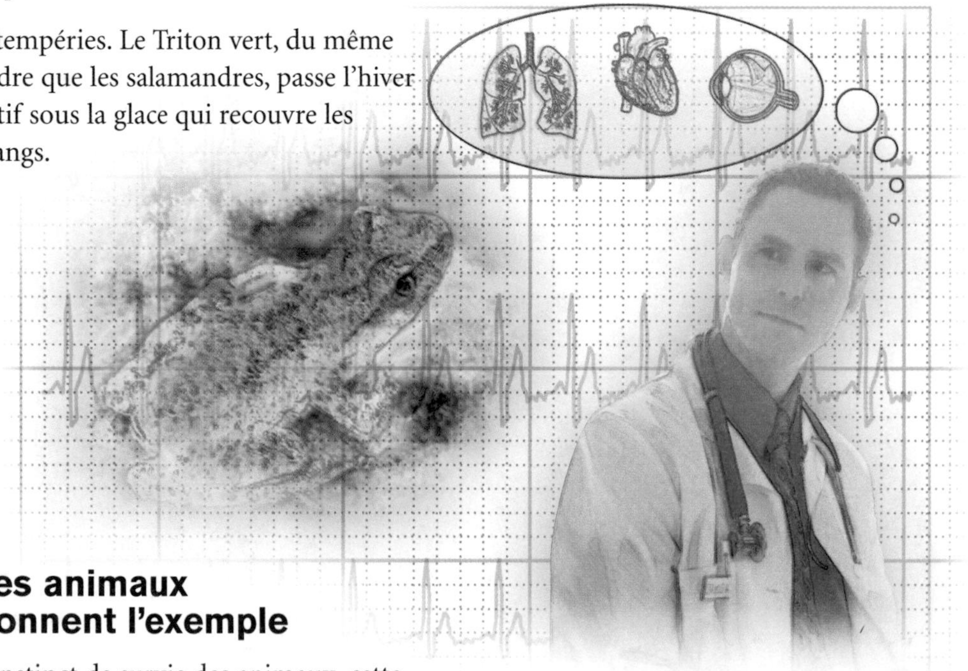

Les animaux donnent l'exemple

L'instinct de survie des animaux, cette force qui les pousse à surmonter les difficultés, a toujours inspiré les êtres humains. En observant comment les animaux se sont adaptés à leur environnement, les humains ont beaucoup appris. Les premiers hommes ont d'abord chassé les bêtes pour la viande, mais ont rapidement compris qu'ils pouvaient utiliser l'épais pelage des mammifères pour survivre au froid.

À l'heure actuelle, les secrets de l'hibernation intéressent les chercheurs. Lorsque l'on prépare un patient pour une greffe, par exemple, le temps alloué à la transplantation est très court parce qu'un organe ne se conserve pas longtemps à 0 °C. Et il est impossible de le conserver à une température plus basse, car il gèlerait et les cellules vivantes seraient détruites.

La rainette est capable de s'autocongeler. Son antigel naturel pourrait mettre les chercheurs sur la piste d'une meilleure technique de conservation des organes prélevés pour la transplantation.

En étudiant les protéines antigel que fabriquent les poissons et les moyens de congélation de la Grenouille des bois ou des rainettes, on pourrait réussir à améliorer les techniques de conservation des organes, des tissus et du sang.

Même l'industrie alimentaire pourrait s'intéresser à ces découvertes. Si on utilisait les protéines antigel des poissons pour améliorer la texture des aliments congelés, la crème glacée pourrait être conservée plus longtemps sans qu'il ne se forme de cristaux.

L'Ecomuseum surveille l'état des populations d'amphibiens et de reptiles du Québec, de même qu'il participe aux projets portant sur la Tortue des bois et la Tortue-molle à épines. Des suivis de population par télémétrie aident à repérer les aires de nidification et d'activité.

« Qui est-ce qui a le sang-froid de se congeler? »

Il existe cinq espèces d'amphibiens qui hibernent sur la terre ferme et elles sont toutes présentes au Québec : quatre rainettes et la Grenouille des bois. Elles s'enfouissent dans la litière forestière. Comme les insectes, elles sécrètent des substances cryoprotectrices: chez la Grenouille des bois, la Rainette crucifère, la Rainette faux-grillon de l'Ouest, la Rainette faux-grillon boréale, c'est le glucose. Chez la Rainette versicolore, il s'agit du glycérol.

Le processus est extraordinaire; ces espèces gèlent, le cœur s'arrête, le sang cesse de circuler et l'amphibien survit grâce à un phénomène de fermentation.

On peut induire artificiellement l'hibernation en diminuant la température ambiante. L'animal est gelé, mais après un moment à température chaude, il reprend ses activités.

Même après des mois d'inactivité, la Grenouille des bois est déjà en mesure de se reproduire en avril. Comme les températures peuvent encore chuter en cette saison, la grenouille gèle et dégèle à la demande, les taux de glucose restant momentanément très élevés dans son sang.

David Rodrigue
Directeur adjoint

Les insectes craignent-ils le froid?

CHAPITRE V

Les insectes jouent à cache-cache avec le froid

Quand le plus petit est le plus fort

Si la terre se couvrait un jour de glace, quels animaux seraient assez coriaces pour survivre à ce terrible bouleversement? Seulement les insectes, qui peuplent notre planète depuis plus de 350 millions d'années.

Champions de l'adaptation, les insectes représentent 85 % des espèces animales d'aujourd'hui. Ils évoluent dans tous les milieux : dans le sol, dans l'eau, sous la glace, dans la neige, sur les glaciers et près des volcans en éruption. Certains poussent même l'audace jusqu'à habiter sur d'autres animaux, parfois même sous la peau des humains. Les insectes ont élaboré maintes stratégies pour survivre à des conditions extrêmes.

Nombre d'espèces d'insectes meurent avec les froids de l'automne. Mais avant de sacrifier leur vie, ces insectes abandonnent des petits paniers pleins de bébés sur le porche de mère nature. Ce sont les rayons du soleil printanier qui se chargeront de réveiller la relève.

La diapause, est-ce une pause-café pour insecte?

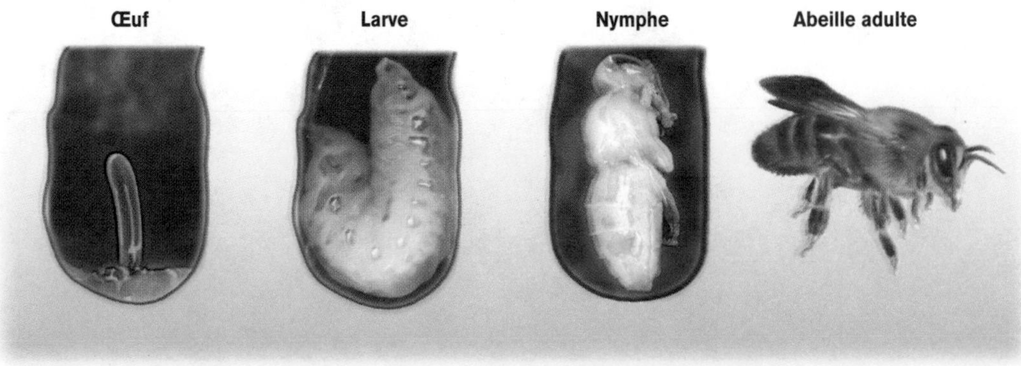

De l'œuf à l'adulte, le développement d'une abeille ouvrière dure environ 21 jours. D'autres insectes subissent une métamorphose incomplète (dite « progressive ») en ne passant que par trois stades de développement, comme la sauterelle, la libellule, l'éphémère, la termite et la punaise.

Place à la relève

Les insectes victimes des froids automnaux s'assurent de perpétuer l'espèce en laissant derrière eux des œufs, des larves ou des nymphes.

Les larves sont les insectes frais sortis de l'œuf. Comme le bébé qui est expulsé de l'utérus maternel, la larve en est au tout début de sa vie et de son développement. La nymphe, aussi appelée chrysalide dans le cas des papillons, est en quelque sorte une période d'adolescence, le troisième des quatre stades du développement des insectes qui subissent une métamorphose complète. On retrouve ce stade chez les papillons, les coccinelles, les scarabées, les fourmis, les mouches, les guêpes, les abeilles, bref, chez la plupart des insectes que nous connaissons le mieux.

Pour les insectes, c'est le temps de la diapause

À l'automne, nombre d'insectes cessent de se développer pour entrer en diapause. Ils ne grossissent plus, ne se métamorphosent plus. Mais comment savent-ils que c'est le moment d'une pause? C'est la longueur du jour qui leur en donne le signal.

La diapause chez l'insecte est l'équivalent de l'hibernation chez le mammifère, à la différence que certaines espèces d'insectes, notamment des papillons, des coccinelles et des mouches des Prairies canadiennes, peuvent entrer en « diapause d'été » (ou estivation) par grande période de sécheresse. Pendant la diapause, l'insecte réduit sa consommation d'énergie de 90 %, parfois plus, et il peut survivre à l'hiver sans manger. La majorité des insectes qui entrent en diapause sont presque totalement inactifs. Mais lorsque revient le beau temps, leur développement reprend à un rythme tellement effréné qu'ils semblent rattraper le temps perdu.

Les périodes de chaleur printanières sortent les insectes de leur sommeil hivernal. Les insectes font d'ailleurs preuve d'une remarquable adaptation puisque les redoux de l'automne ne leur jouent pas de tour. C'est seulement après de longs mois rigoureux qu'ils sortent de leur torpeur. Heureusement pour eux, car des épisodes de réveil avant les grands froids pourraient s'avérer fatals à quantité d'entre eux.

Reste à savoir où se caser

1 1/2 à louer
avec vue sur l'hiver.
Chauffage non compris.
Voisins tranquilles.

L'œuf, quelle invention!

Quand l'hiver arrive, les diverses espèces d'insectes n'ont pas toutes atteint le même stade de développement. Par exemple, la sauterelle pond ses œufs en automne, de telle sorte qu'ils passeront l'hiver sous la neige pour éclore au printemps.

Les criquets, les pucerons et les moustiques de la relève passent aussi l'hiver au stade d'œuf. La prochaine fois que tu verras un étang gelé, pense aux milliers d'œufs de moustique qui attendent que le printemps revienne pour profiter des joies du plein air.

L'enveloppe de l'œuf assure une bonne protection thermique. Certaines femelles soucieuses de leur progéniture vont même jusqu'à sécréter une substance isolante autour de leurs amas d'œufs. C'est le cas de la Mante religieuse.

Faire du cocooning tout l'hiver

L'automne venu, les larves de nombreux insectes, comme les fourmis, les phryganes, les papillons, les puces, certains coléoptères et quelques abeilles, filent un cocon qui leur sert de gîte durant l'hiver. Des glandes leur permettent de sécréter de la soie.

Emmitouflés dans leur cocon sous une roche, sous l'écorce d'un arbre ou dans la litière forestière, ces insectes sont très vulnérables aux prédateurs et peuvent facilement servir de repas aux souris et aux pics affamés.

La chenille de la Saturnie cécropia, le plus grand papillon de nos régions, est reconnue pour choisir l'emplacement de

Qui voudrait se cacher dans des narines de caribou?

son cocon avec beaucoup de soin. Elle descend de son arbre et file son enveloppe près du niveau du sol, là où les feuilles mortes la couvriront bientôt.

Même quand la température extérieure tombe à –30 ou à –40 °C, la couverture de neige la protège en lui offrant une zone tempérée entre 0 et 5 °C. Quel confort!

Vivre aux crochets d'une plante

Lorsqu'une larve d'insecte perce un trou dans la tige d'une plante pour s'y cacher, la plante réagit en produisant des couches de cellules végétales autour de l'intrus. Astucieux moyen de construire un logis.

Certaines espèces de papillons nocturnes et de mouches déposent leurs œufs sur des tiges de verge d'or; les larves qui y naissent trouvent non seulement le gîte, mais également le couvert puisqu'elles mangent la plante pour croître.

La galle que fait la chenille d'un papillon de nuit mesure environ trois centimètres de long. Prévoyante, la chenille pense d'avance à creuser le tunnel par où elle sortira.

Il existe des centaines d'insectes que l'on qualifie de gallicoles et qui élisent domicile dans les bourgeons, les fleurs et les petites branches d'arbre. Parmi les insectes gallicoles, on retrouve les cynipes, qui affectionnent les feuilles de chêne, les pucerons, des amateurs de peuplier et d'épinette, et les cécidomyies qui sont particulièrement friandes de saule, de tremble et d'épinette. Une excroissance sur un arbre ou une plante signifie souvent qu'un hôte minuscule occupe le logis. Heureusement, les gallicoles ne font pas de dégâts importants.

Bien au chaud dans les narines de caribou

L'Œstre du caribou est un Hypoderme, c'est-à-dire un genre de mouche qui parasite d'autres êtres vivants, comme les ruminants chez lesquels ils peuvent provoquer des maladies.

L'œstre pond ses œufs dans les narines du caribou (parfois dans celles du mouton ou du bœuf). Quand les œufs éclosent, les larves s'installent dans la gorge du mammifère, à l'abri du froid et des vents.

Certains insectes ont la couenne dure

Les insectes adultes ne meurent pas tous. Quelques durs à cuire décident d'hiberner.

Le papillon Morio hiberne dans du bois pourri ou sous l'écorce d'un arbre. Quant au dytique, un gros coléoptère qui s'attaque parfois aux petits poissons, il passe les froids intenses au fond d'un étang, en état d'hibernation.

Ta maison, un hôtel cinq étoiles pour hiverner

Alors que des myriades d'insectes luttent contre les rigueurs de l'hiver, d'autres espèces choisissent d'hiverner en bonne compagnie, dans le confort de nos maisons. En automne, coquerelles, mouches, coccinelles asiatiques, araignées, puces et poissons d'argent (ces deux-là peuvent préférer ta maison à leur cocon) et d'autres bestioles profitent d'une porte ou d'une fenêtre entrouverte pour se faufiler à l'intérieur. Les fissures dans les murs du sous-sol sont également d'excellents passages secrets pour qui est minuscule.

La mouche sur le rebord de la fenêtre n'est pas morte

La Mouche domestique est sans doute l'intrus qui s'infiltre le plus souvent dans notre demeure, et constitue celui qu'on voudrait y voir le moins si l'on songe aux millions de germes qu'il transporte.

L'automne, il nous arrive de trouver des mouches mortes sur le rebord des fenêtres. Mais le sont-elles vraiment? On pourrait le croire en les voyant immobiles, mais il suffit d'un redoux de quelques heures et les voilà qui ressuscitent étrangement, bougeant avec lenteur et maladresse.

Lors des chaudes journées hivernales, lorsque le soleil réchauffe l'espace entre deux vitres, par exemple, la mouche se réveille. La léthargie de l'insecte s'appelle « quiescence », un état contrôlé directement par les conditions de l'environnement. Pendant son sommeil, il est engourdi et inactif. Faute de pouvoir s'alimenter, ses fonctions sont temporairement arrêtées et son métabolisme est au ralenti.

À une vitesse de huit kilomètres à l'heure, deux secondes suffisent à une mouche pour franchir notre porte.

Comment les abeilles se réchauffent-elles?

Quand les insectes tombent dans l'alcool

On sait que le sang fige à environ –0,5 °C. Comme la température baisse sous le point de congélation en hiver, certains animaux dits ectothermes (dont le sang adopte la température externe), comme les poissons, les reptiles et les insectes, produisent un antigel naturel : le glycérol.

Cet alcool, un produit du glycogène présent dans l'organisme, inonde le corps des insectes quand la température est progressivement descendue à 5 °C. Si un froid de canard s'abattait soudain sur le Québec en été, les bestioles mourraient par légion, faute d'avoir eu le temps de produire du glycérol.

L'arrivée graduelle du froid déclenche donc la production interne d'alcool. Les premiers gels surviennent enfin, engourdissant larves et adultes d'une foule d'espèces. Certaines femelles incorporent même du glycérol dans leurs œufs. Alors commence leur long sommeil hivernal.

Au fait, as-tu déjà entendu raconter la légende de Barry, un chien Saint-Bernard qui parcourait les montagnes suisses au secours des aventuriers égarés et gelés? Même si cette histoire est tirée d'un fait vécu au 19e siècle, le tonneau d'alcool attaché autour du cou du bon gros toutou n'est qu'un réconfortant inefficace contre l'hypothermie.

L'alcool a cependant la propriété d'abaisser le point de congélation et une personne qui en aurait consommé en forte dose aurait moins de risque de mourir gelée dehors par une froide nuit d'hiver. Pour cette raison, le sang des insectes qui en contient beaucoup est protégé des froids sibériens.

Les insectes tiennent le coup à –60 °C!

Pour se protéger du froid, les mammifères comptent, entre autres, sur un pelage qui s'épaissit, et les oiseaux sur un plumage qui emprisonne l'air comme un isolant. Mais que font les insectes tout nus?

Il est vrai que certains insectes présentent des traces de poils sur le corps. C'est le cas du bourdon qui est légèrement velu, mais on est loin du manteau de vison.

Dans les régions arctiques, certains papillons et certaines mouches gallicoles (celles qui se protègent dans une galle) tiennent le coup à des températures qui peuvent friser –60 °C. C'est le glycérol (un alcool) qui les empêche de geler.

La Coccinelle maculée sécrète elle aussi cet antigel naturel. Elle passe l'hiver à l'abri, en groupe, parfois au pied d'un arbre ou sous son écorce. Agglutinées les unes aux autres, elles parviennent à supporter le froid intense.

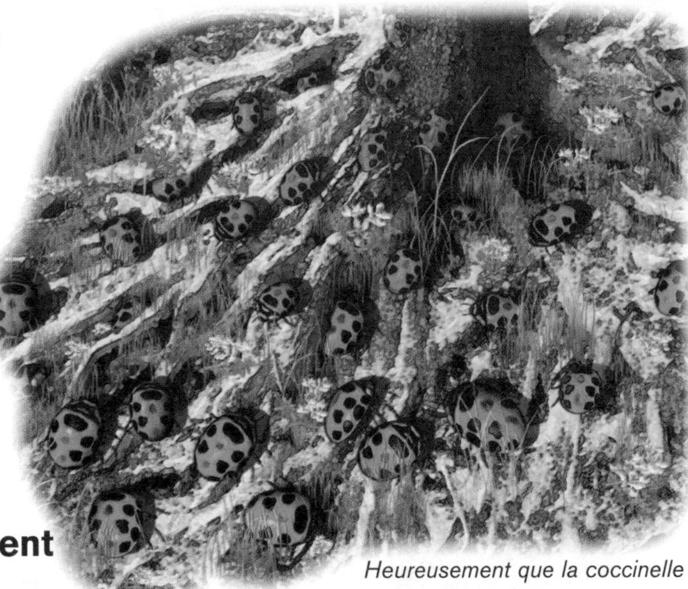

Heureusement que la coccinelle est bien adaptée à notre climat, car elle est très utile au jardin.

Un bon réchauffement et hop!

En fait d'adaptation, les insectes sont bien pourvus pour conserver leur chaleur. Chez les insectes volants tels que les abeilles, les guêpes, les papillons et bien d'autres, la température du corps est générée dans le thorax par un réseau de muscles qui assurent le mouvement des ailes.

Butiner en automne représente tout un défi, car le froid empêche la contraction normale des muscles. Les insectes volants ont cependant trouvé le moyen d'y parvenir : ils procèdent d'abord à un bon réchauffement.

Comme tu le sais maintenant, un muscle actif transforme l'ATP pour libérer de l'énergie sous forme de chaleur. Lors d'une période de tremblements, ce grelottement ressemble à une vibration et l'insecte atteint une température thoracique encore plus élevée que sa température en vol.

Les athlètes qui réchauffent leurs muscles avant une compétition et les pilotes qui réchauffent leur moteur avant une course se sont peut-être inspirés des insectes.

Des insectes tricotés serrés

Les fourmis, les abeilles et les guêpes sont des insectes sociaux qui vivent en colonie. Tous les insectes aident la prochaine génération à grandir en remplissant un rôle : la reine pond les œufs, les femelles stériles prodiguent les soins aux nouveaux-nés et cueillent la nourriture, alors que les mâles fertiles tentent de se reproduire avec la reine.

Qui est le roi du vol léger?

Les abeilles domestiques survivent au froid sans entrer en diapause.

Durant l'hiver, la température au cœur du nid approche les 20 à 30 °C. Regroupées autour de la reine, les abeilles ouvrières se chargent de réchauffer la colonie rien qu'en faisant vibrer leurs muscles. Serrées les unes contre les autres, elles forment une couche externe afin de maintenir leur température à 10° C environ et de conserver la chaleur de la colonie. À la manière des Manchots empereurs en Antarctique, elles changent de place à tour de rôle pour se réchauffer. Habituellement, les rayons de cire de la périphérie servent d'isolant.

Chez les guêpes et les bourdons, la loi de la nature est sans pitié. Seules les reines survivent à l'hiver, en restant cachées dans un arbre creux ou dans la litière forestière, en état de diapause. Le printemps venu, ce sont elles qui doivent reconstruire le nid et fonder une nouvelle colonie.

Les fourmis ne possèdent pas de muscles thoraciques leur permettant de grelotter. Elles sont donc inaptes à réchauffer un nid, et c'est pourquoi les galeries de la fourmilière sont creusées en profondeur. Certaines espèces de fourmis s'agglutinent en grand nombre pour conserver au maximum la chaleur de leur métabolisme au repos.

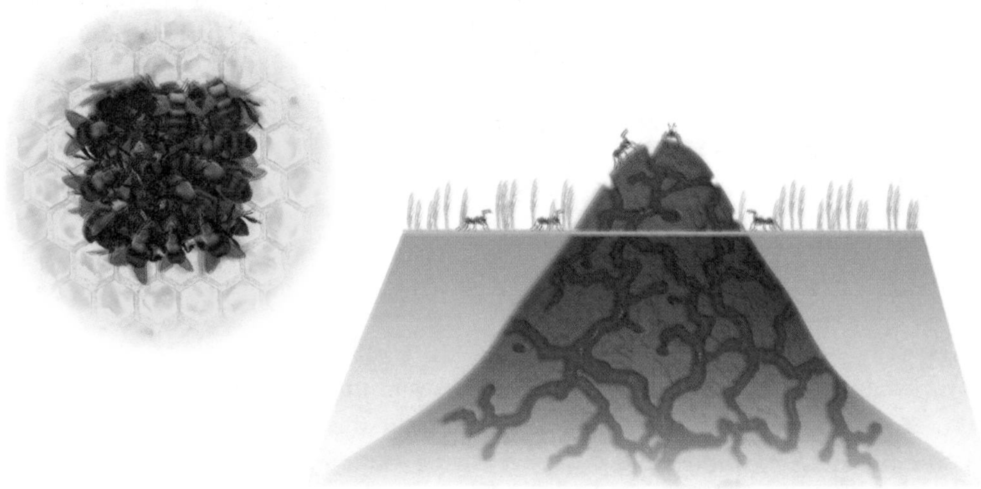

Les abeilles comptent parmi les rares insectes à rester actifs tout l'hiver. Dans les profondeurs de la fourmilière, les fourmis adultes réduisent plutôt leur métabolisme ou passent l'hiver à l'état de larve, dans un cocon.

INSECTE TRANQUILLE CHERCHE LOGIS POUR L'HIVER

À louer	Locataires intéressés
Dans une galle	Chenille de papillons nocturnes, larve de mouches
Dans un cocon	Chenille de l'Amiral
Dans les crevasses des arbres	Œuf de certains moustiques, Fourmi charpentière, œuf de pucerons
Racines ou souches	Coccinelle maculée
Dans les tiges de plantes creuses	Grillon des arbres
Sur une pierre	Œuf de Mante religieuse
Sous la terre	Hanneton, perce-oreille, Criocère du lis (chrysomèle)
Dans ta maison	Coccinelle asiatique, blatte, poisson d'argent, Grillon domestique
Chevelure humaine	Pou de la tête
Dans la glace de l'étang	Punaise d'eau, nymphe d'éphémère
Sous la glace	Œuf de certains moustiques, nymphe de libellules
Au fond de l'eau	Dytique
Sur la neige	Puce des neiges (collembole)

Et toi, préfères-tu le camping ou le marathon?

Les feuilles de l'asclépiade sont vénéneuses, mais quelques punaises et la chenille du Monarque s'en régalent.

Certains insectes font leur valise

La Punaise de l'asclépiade s'appelle ainsi parce qu'elle s'alimente de cette plante qui s'avère toutefois toxique pour les oiseaux qui mangent les insectes en ayant consommé. La plupart des insectes qui se nourrissent de l'asclépiade affichent les couleurs orangé et noir, un synonyme de « poison ». Au printemps, les punaises quittent l'Amérique centrale pour venir se reproduire au Québec et ce sont leurs rejetons qui feront le voyage inverse avant le gel. Les voyages forment vraiment la jeunesse!

La Cicadelle de la pomme de terre fait partie du club des insectes migrateurs. Elle se reproduit dans le Sud des États-Unis, non loin du golfe du Mexique, et profite des vents printaniers pour se laisser porter jusqu'à nous. Elle est tristement connue pour les ravages qu'elle inflige aux cultures. On pense qu'elle meurt des rigueurs du climat québécois et que de nouveaux venus débarquent chaque année.

Le Monarque est le plus célèbre de nos touristes. Après avoir passé l'hiver au Mexique, les mâles et les femelles qui avaient quitté le Québec à l'automne s'accouplent. La plupart des mâles meurent tandis que la majorité des femelles se dirigent vers le nord, pondant leurs œufs sous les feuilles de l'asclépiade. En général, elles meurent à leur tour et c'est leur descendance qui prend le relais. Plusieurs générations peuvent se succéder avant que le Monarque ne rejoigne le Québec.

Voyageur en danger!

Le Mexique connaît une déforestation sans précédent : sa couverture végétale a disparu de plus du tiers, surtout à cause de coupes à blanc liées au commerce illicite du bois. Les monarques apprécient les grands Sapins du Guatemala (appelés oyamels en espagnol), mais les trafiquants préfèrent transformer ces arbres en caisses pour exporter des fruits et des légumes.

Le déboisement prive les monarques de leur habitat et ils meurent de froid par milliers dans les restes de forêts décimées. Le temps est compté : pour que d'autres sapins poussent, il faut qu'un feu de forêt réchauffe les cocottes afin qu'elles libèrent leurs précieuses semences.

Deux papillons, deux sports d'hiver

Le Monarque préfère le marathon

En août, les jeunes monarques entreprennent une migration de plus de 3 000 kilomètres jusqu'à la sierra Madre mexicaine. C'est par dizaines de millions qu'ils s'accrochent tout l'hiver aux grands Sapins du Guatemala.

Comme les oiseaux migrateurs, les monarques ne fuient pas le froid, car les sommets de la sierra Madre s'élèvent à près de 3 000 mètres et la température y est froide, parfois ponctuée de gels. Ils migrent plutôt au Mexique pour profiter de la nourriture.

Après l'accouplement, la plupart des femelles font la route inverse. Elles sont rares à atteindre le Québec pour y pondre, mais celles qui réussissent auront franchi 7 000 kilomètres!

L'Amiral fait du camping

L'Amiral est l'insecte emblème du Québec. L'été, il affectionne le bord des cours d'eau et les clairières du Sud de la province. La femelle pond ses œufs au début de la belle saison et les dépose sur l'extrémité d'une feuille. Les chenilles qui sortent des œufs grossissent en grignotant la feuille, sans craindre pour leur vie, car leur apparence rappelle les excréments d'oiseaux. Qui en voudrait?

À l'arrivée du froid, la chenille fabrique un hibernaculum : elle s'enroule dans une feuille solidement accrochée à une branche. Confinée dans sa mince couverture, la chenille survit au froid grâce à son antigel naturel. Seuls les rejetons passent le cap de l'hiver, les papillons adultes ayant trépassé à cause du gel.

Le ver de terre est-il un insecte?

Qui suis-je ?

1

Bien des gens croient que je fais partie des insectes. Même si j'ai des points communs avec eux au plan anatomique, j'appartiens en réalité à un autre embranchement : celui des Annélides.

Je joue un rôle très utile en aérant le sol. Comme c'est là que je vis, les scientifiques qui étudient les conséquences écologiques de la pollution s'informent souvent de ma santé.

L'hiver, je me laisse dessécher dans un cocon à quelques centimètres sous terre.

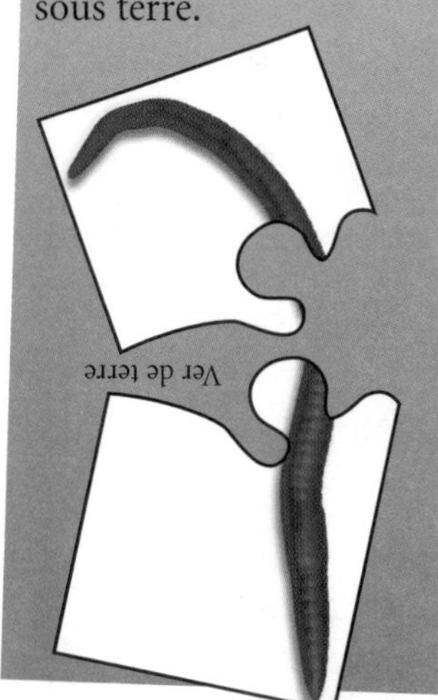

2

Je ne suis pas un insecte, même si je fais partie de l'embranchement des Arthropodes. J'ai quatre paires de pattes au lieu de trois et j'appartiens à la classe des Arachnides.

Grâce à mes glandes séricigènes, je peux tisser différentes sortes de soie, pour attraper les insectes ou pour tisser un cocon afin de protéger mes œufs durant l'hiver.

Certaines de mes cousines passent l'hiver à l'état adulte et bouchent leur terrier par un amas de soie.

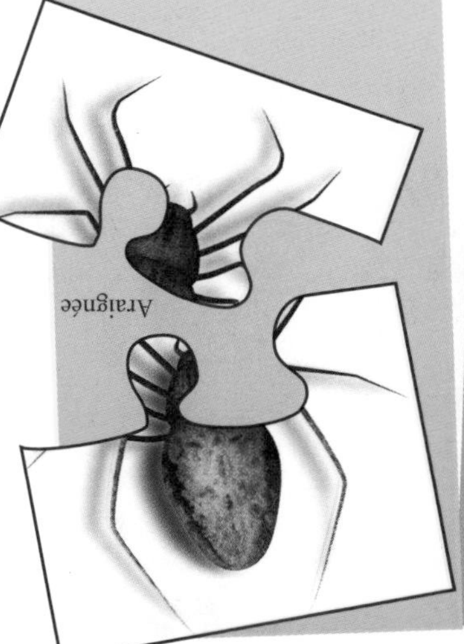

3

Moi aussi, je fais partie de l'embranchement des Arthropodes. J'appartiens non pas aux insectes, mais plutôt aux Diplopodes.

Mon corps brun foncé se divise en deux parties : la tête et le tronc. Végétarien, j'affectionne les plantes et les déchets organiques. Je m'occupe, tranquille dans le sol, sous une pierre ou derrière une écorce.

Je passe généralement l'hiver dans la terre, ou encore dans de la matière en décomposition sur le sol ou de la litière de feuilles sous les arbres.

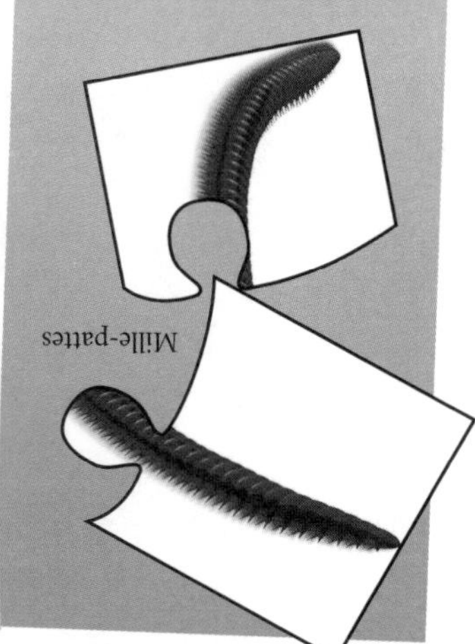

Lorsqu'une société papetière ou métallurgique veut étudier les répercussions de ses projets sur l'environnement, elle demande à une autre entreprise d'évaluer, notamment, la nature des sols, la qualité de l'eau et l'état des écosystèmes. C'est le travail qu'accomplit Nove Environnement : biologistes, ingénieurs, géographes, urbanistes, toxicologues et cartographes y travaillent en équipe.

« Le plus petit est-il vraiment le plus fort? »

Les insectes nordiques ont élaboré plusieurs stratégies d'adaptation contre le froid. Certaines espèces résistent au gel en produisant des antigels (protéines, alcools ou sucres) qui empêchent la formation de glace et gardent leur corps à l'état liquide jusqu'à une certaine température.

D'autres insectes font exactement le contraire et supportent la congélation : ils favorisent la formation de cristaux de glace dans leur corps, sauf à l'intérieur des cellules de leur organisme. Certaines puces arctiques survivent à des températures de près de –30 °C.

On remarque aussi que plusieurs espèces du Grand Nord ont subi des modifications physiques. Par exemple, certains insectes portent des couleurs sombres qui favorisent l'élévation de la température sous l'effet du rayonnement solaire. Ils prennent tout simplement des bains de soleil. D'autres sont de petite taille et possèdent des appendices réduits (antennes, ailes) afin de limiter les pertes de chaleur.

Enfin, comme la saison de reproduction et de croissance est très courte dans le Grand Nord, plusieurs espèces prolongent leur cycle de développement et restent au stade de larve pendant des années, la plupart du temps en dormance. Certaines larves de papillons arctiques mettent jusqu'à cinq ans avant d'atteindre le stade de pupe (c'est-à-dire de chrysalide dans son cocon).

Stéphane Cayouette, Ph.D. en environnement
Biologiste-conseil

Qu'est-ce qui amène le printemps?

CHAPITRE VI

Le printemps, saison aux mille réveils

Le carrousel des saisons, c'est dans l'ordre des choses

Le printemps revient au Québec, comme dans tout l'hémisphère Nord de notre planète, alors que l'hémisphère Sud s'engage dans l'automne. Eh non, ce n'est pas le printemps partout!

Contrairement à ce que bien des gens croient, ce n'est pas parce que la Terre se rapproche du Soleil que l'atmosphère se réchauffe. En fait, l'alternance des saisons s'explique autrement.

Imagine que les planètes et le Soleil évoluent dans une grande sphère céleste dont l'anneau central serait l'équateur céleste. La Terre gravite autour du Soleil en suivant une orbite inclinée de 23 degrés par rapport à cet équateur céleste.

Pendant une demi-révolution autour du Soleil, soit la moitié de l'année, la Terre voyage au-dessus de cet équateur, ce qui favorise l'éclairement de l'hémisphère Sud. L'autre moitié du temps, notre planète se promène sous cette ligne, au profit de l'hémisphère Nord (voir le dessin ci-après pour mieux comprendre ce phénomène).

Quel est le météorologue le plus célèbre?

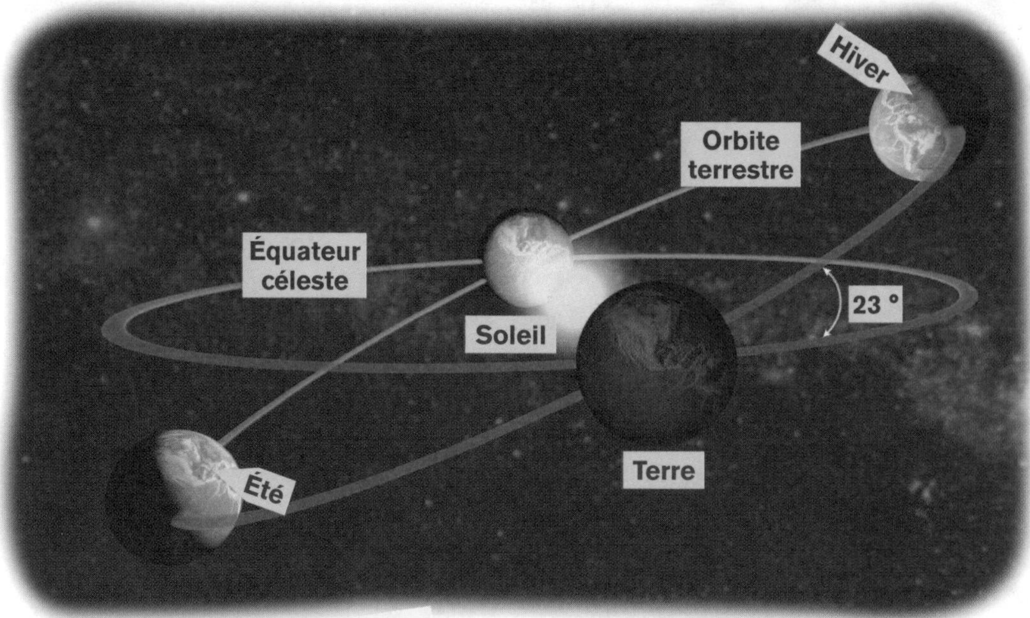

« À l'Ecomuseum, le printemps est une saison très importante. Nous remettons le cours d'eau en fonction, car hibernants et hivernants sortent pour reprendre leurs activités. On ouvre les cavernes des ours et les caches des ratons, sans les pousser. Ils vont à leur rythme, comme s'ils vivaient en liberté. »

David Rodrigue
Directeur adjoint

Il se produit deux moments où la Terre, en voyageant sur son orbite, croise la ligne de l'équateur céleste.

Le 21 mars et le 21 septembre sont les jours d'équinoxe : le jour et la nuit sont alors de durée égale. À partir du 21 mars, la Terre voyage un peu au-dessous de l'équateur céleste et nous, situés dans l'hémisphère Nord, connaissons un adoucissement des températures.

Au printemps, donc, le vent se réchauffe et le soleil fait progressivement fondre la neige. Après une torpeur de près de six mois, la marmotte se risque hors du terrier. La reine-guêpe quitte le tas de bois mort où elle s'était réfugiée en diapause; les poissons sortent de leur léthargie et remontent vers les hauts-fonds pour pondre leurs œufs dans une eau qui tiédit lentement; la tortue sort de la vase.

Foi de marmotte, c'est le printemps!

Selon une tradition allemande, lorsque la marmotte sort de son terrier par une journée d'hiver plus chaude et qu'elle aperçoit son ombre, elle sait qu'il lui faut prolonger son hibernation.

Au Canada, c'est Willie, une marmotte de Wiarton, en Ontario, qui perpétue cette charmante croyance. Le 2 février, la marmotte fait sa première sortie de l'année hors du terrier et partage avec nous ses prévisions météo. L'hiver durera-t-il encore six semaines ou le printemps sera-t-il précoce? Ceux qui ont hâte de voir le printemps arriver espèrent que Willie ne verra pas son ombre. Pour cela, il suffit que le ciel soit tout simplement couvert.

Même si cette tradition relève davantage du folklore que de l'observation scientifique, le jour de la marmotte continue d'attirer les curieux en grand nombre.

Place au renouveau

Parce que les conditions sont plus favorables à l'éclosion de la vie, le printemps est témoin de nombreuses naissances. Après s'être longtemps terrés, les mammifères comme le raton, la mouffette et la marmotte décident de s'accoupler.

De leur côté, les oiseaux s'emploient à construire un nid douillet et à y déposer les œufs d'où sortira leur descendance. Chez la Tourterelle triste, le mâle cueille des brindilles et de l'herbe pendant que la femelle assure la mise en chantier du nid. Une fois les œufs pondus, mâle et femelle se relaient pour couver leur future progéniture. Le mâle assure l'incubation durant le jour et la femelle durant la nuit.

Les animaux se chantent-ils la pomme?

L'Institut de la statistique du Québec étudie l'évolution démographique de notre province, c'est-à-dire les changements dans notre population au fil du temps. Les chiffres des dix dernières années révèlent que le nombre des naissances chez les Québécois augmente sensiblement dès le mois de mars de chaque année pour atteindre un sommet en mai, et il diminue invariablement après septembre. C'est dire que nous aussi nous vivons au rythme des saisons.

D'ailleurs, tu n'as qu'à jeter un coup d'œil autour de toi lorsque le printemps revient : les gens s'activent à faire le grand ménage, à repeindre un balcon, à nettoyer le terrain et à planter des fleurs.

Tout commence par l'amour

Partout dans la nature, les animaux se préparent pour la saison des amours. Les rongeurs mâles se tiraillent pour courtiser les femelles, les oiseaux étalent leur parure et les insectes se font la cour.

En prévision de l'accouplement, chaque espèce adopte une attitude spécifique ou se livre à une parade nuptiale particulière. Ces rites ont pour objectif, entre autres, de réduire l'agressivité ou la méfiance du partenaire.

Quand arrive le moment du frai chez les dorés, mâles et femelles se livrent d'abord à quelques ondulations prénuptiales. Rassemblés en petits groupes, ils expulsent simultanément sur la frayère œufs et laitance (une matière blanchâtre constituée de sperme). Les mâles reviennent plusieurs fois féconder les œufs lorsque les femelles ont quitté les lieux.

C'est très différent de la parade sonore adoptée par le mâle Tétras à queue fine (de la famille des Gallinacés, comme la poule).

L'abdomen de la luciole contient une protéine nommée luciférine qui, au contact de l'oxygène, produit un éclair souvent jaunâtre. C'est un signal amoureux.

La concurrence est forte : rassemblés, les mâles s'engagent dans un concours de danse et de chant devant les femelles convoitées. Ils font frémir leurs ailes et gonflent leurs sacs vocaux pour émettre des ronflements spectaculaires.

D'autres animaux préfèrent les jeux de lumière, comme la luciole. Le mâle qui cherche l'âme sœur émet des signaux lumineux dont la durée diffère selon l'espèce. Les femelles comprennent ce langage romantique et répondent seulement aux coléoptères mâles de leur espèce.

L'Hirondelle à front blanc aime bien construire son nid de boue contre les bâtiments à surface rugueuse.

Le bal des oiseaux

Avec le retour du printemps, les oiseaux migrateurs parsèment l'azur du ciel. Certains, comme la Bernache du Canada, se dirigent au nord du Québec pour y nicher. D'autres, comme le Pluvier kildir, filent vers les basses-terres du Saint-Laurent.

Les centaines d'espèces d'oiseaux qui peuplent le Québec ne se donnent pas toutes rendez-vous en même temps. Beaucoup sont de passage au sortir de l'hiver, d'autres en été ou en automne. Au printemps, certaines régions hébergent plus de 200 espèces ailées à la fois.

Le retour des oiseaux dépend en grande partie du climat, car il affecte la croissance de la végétation et la production de graines et de fruits. Quand on comprend le climat, on comprend mieux la répartition des oiseaux.

Certains élisent domicile dans les arbres creux (l'Hirondelle bicolore), à la cime des arbres (le Grand Héron), sur un toit de gravier (l'Engoulevent d'Amérique), dans les hautes herbes (la Sarcelle d'hiver), dans le nid d'un autre oiseau (le Chevalier solitaire) et dans les nichoirs artificiels (le Merlebleu de l'Est).

Qu'est-ce qui règle la vie des animaux?

Au programme du printemps, un festival d'activités

MARS

L'Alouette hausse-col (anciennement appelée Alouette cornue) est l'oiseau migrateur qui revient le premier au Québec. C'est aussi celui qui « met les voiles » le plus tard en automne. La Grenouille des bois et ses congénères rainettes dégèlent avec les redoux. La femelle raton laveur met le nez dehors et rejoint le mâle sorti depuis janvier.

AVRIL

Les Bélugas commencent à se faire la cour dans les eaux froides du Saint-Laurent. L'Ours noir quitte sa grotte pour explorer la nature qui se réveille. Pendant les nuits d'avril et de mai, la femelle perchaude pose ses œufs sur le gravier. Dans le Grand Nord québécois, l'ourse polaire sort de sa tanière avec ses rejetons nés en décembre ou en janvier.

MAI

Au tour de l'Esturgeon jaune de célébrer le printemps. Le plus grand poisson d'eau douce du Québec fraie en mai et en juin, dès que la température de l'eau atteint de 13 à 18 °C. La souris sauteuse met fin à son hibernation et sort de son terrier. La Chauve-souris brune quitte la caverne où elle a hiberné et part à la recherche d'insectes à manger.

JUIN

La femelle caribou migre vers la toundra pour mettre bas en mai et en juin. Les premières civelles (les rejetons de l'anguille) nagent vers les rivières d'où sont partis les adultes pour migrer vers la mer des Sargasses. La Tortue des bois, seule espèce de tortue terrestre au Québec, pond de huit à dix œufs à la mi-juin. Les petits du Cerf de Virginie naissent en mai et en juin après avoir passé tout l'hiver dans l'utérus de leur mère, une gestation de 195 à 212 jours.

C'est reparti!

Quelques journées chaudes ont revigoré la Mouche domestique qui tambourine à la fenêtre. Les plantes à bulbe fleurissent, à commencer par les perce-neige, les bourgeons à feuilles éclosent et la grisaille de l'hiver s'efface derrière le paysage qui reverdit. Ça y est! Le Merle d'Amérique qui sautille sur la pelouse à la recherche de vers de terre annonce la naissance de ses oisillons.

La nature a retrouvé ses couleurs, ses grouillements et ses bruits. La cigale peut recommencer à chanter.

Les changements climatiques règlent la vie des animaux

Les scientifiques qui étudient la phénologie s'intéressent à l'influence du climat sur la vie végétale et animale : pousse des feuilles, migration, accouplement et hibernation. On sait que, parmi toutes les saisons, c'est le printemps qui exerce la plus grande influence sur la vie des plantes. À son tour, l'activité végétale influence tous les êtres qui en dépendent.

Pour mettre fin à leur période de dormance et s'ouvrir, les bourgeons doivent avoir accumulé une certaine quantité de chaleur, qui s'exprime mathématiquement en degrés-jours et qui survient en général à partir de 5 °C.

Un chercheur américain a observé que, depuis 1978, l'apparition des premières feuilles se produit un jour plus tôt chaque année dans l'Est de l'Amérique du Nord. En Europe aussi, le printemps et l'automne semblent avoir gagné une semaine sur l'hiver. Pas étonnant que des oiseaux migrateurs, des reptiles et des amphibiens s'accouplent plus tôt au printemps. Heureusement que les insectes sont au rendez-vous.

Pour les migrateurs qui viennent de loin cependant, l'adaptation est plus difficile, car les changements climatiques s'effectuent à des vitesses différentes entre les zones d'hivernage et les lieux de nidification.

Les données en phénologie sont encore jeunes et on commence à peine à comprendre comment les changements climatiques ont des effets sur notre environnement. Toutes ces modifications occasionnent bien des maux de tête aux météorologues, mais encore une fois, il faut saluer la remarquable capacité d'adaptation des animaux qui nous entourent.

Voici quelques activités qui t'intéresseront.

ACTIVITÉS

À toi de jouer!

« Penser globalement, agir localement. »

René Dubos,
Courtisons la terre

- Construis une mangeoire pour oiseaux
- Installe un bain d'oiseaux
- Fabrique un sirop de plante
- Identifie les bruits d'animaux
- Observe des animaux dans leur milieu de vie :
  - Visite le parc de ton quartier
  - Observe les comportements
  - Fais manger une mésange dans ta main
  - Observe les oiseaux dans des sites naturels
  - Va à la pêche sur la glace
  - Visite les animaux dans les parcs fauniques

C'est la nature qui donne les meilleures leçons de sciences naturelles

Les mammifères sont difficiles à observer à l'état sauvage. Ils sont farouches, se camouflent bien, certains étant actifs seulement la nuit. En revanche, tu remarqueras plein d'oiseaux dans les parages si tu ouvres les yeux et les oreilles. D'ailleurs, beaucoup d'entre eux passent l'hiver en notre compagnie.

Bien des gens deviennent ornithologues amateurs. Des milliers de personnes ont en effet contribué aux observations consignées dans l'*Atlas saisonnier des oiseaux du Québec*, produit par André Cyr et Jacques Larivée.

Si tu aimes épier les oiseaux, que tu n'as pas froid aux yeux face à l'aventure et que tu veux participer à la conservation et à la protection des habitats d'oiseaux, le club d'ornithologues amateurs de ta région sera heureux de t'accueillir.

Pour participer aux activités d'un club, tu dois pouvoir compter sur la présence d'un adulte. Au programme : excursions diurnes et nocturnes, recensement des oiseaux de Noël, sorties organisées, conférences et plus encore!

Consulte le site Web de l'Association québécoise des groupes d'ornithologues, à l'adresse http//:www.aqgo.qc.ca, pour connaître le club d'ornithologues de ta région.

Prends le temps de regarder les oiseaux et tu découvriras des choses captivantes sur eux : alimentation, habitudes, époque des naissances et chant. Ce serait aussi une bonne idée de te munir d'un guide d'identification comme celui intitulé *Les Guides Peterson : les Oiseaux de l'Est de l'Amérique du Nord*, de Roger Tory Peterson (aux Éditions Broquet).

Les cinq activités qui suivent sont destinées à te révéler quelques-uns des aspects de la vie des oiseaux et d'autres animaux qui t'entourent.

Activité 1

Construis une mangeoire pour oiseaux

Un bon moyen d'observer les oiseaux et de mieux les connaître consiste à installer une mangeoire dans ta cour.

En hiver, la Mésange à tête noire, le Geai bleu, le Cardinal rouge et le Moineau domestique se laissent facilement tenter par le tournesol, le millet, le maïs, le chardon ou les arachides. Pour aider ces vaillants amis à s'alimenter, construis-leur une mangeoire amusante.

En une heure environ, tu peux fabriquer une jolie mangeoire personnalisée.

Matériel

- **Un carton de lait ou de jus de 2 litres vide, muni d'un bouchon vissé**
- **Deux cuillères à thé en plastique**
- **Un bout de corde solide d'environ 50 cm**
- **De la toile de vinyle décorative (un morceau de vieille nappe plastifiée fait l'affaire)**
- **Une feuille de polystyrène flexible de 20 cm x 28 cm (facile à trouver dans les magasins de bricoles à un dollar)**
- **Un pistolet-colleur et une recharge de colle**
- **Un couteau X-Acto, des ciseaux, un poinçon et de la colle en bâton**

1 Nettoie à fond le contenant en carton et sèche-le bien. Demande de l'aide pour percer un trou au milieu de l'arête du sommet, au moyen d'un poinçon ou d'un gros clou. C'est dans ce trou que passera la corde.

2 Sur une face du carton, découpe un petit triangle de 1 x 1 x 1 cm, à environ 2 cm du bord inférieur (si tu utilises un couteau X-Acto, demande de l'aide). Fais de même pour la face opposée de telle manière que les deux triangles soient à la même hauteur, bien alignés et de la même forme.

3 Pour décorer la mangeoire, évite la gouache et les crayons feutres, car la neige et la pluie abîmeraient ton œuvre. Sur les quatre faces du carton, colle plutôt un morceau de nappe de plastique avec la colle en bâton. Les boutiques de tissu et les magasins à rayons vendent des coupons de tissu à très bas prix. N'oublie pas de découper le tissu là où se trouvent les triangles.

4 La feuille de polystyrène sert de toiture à la mangeoire. Avant de la coller sur le sommet du contenant, vérifie à quel endroit tu dois découper un cercle pour laisser passer le bouchon. Une fois le polystyrène fixé à plusieurs endroits avec de la colle chaude, perce le tissu là où se trouve le trou pour passer la corde.

5 Insère une première cuillère par le manche dans un des triangles. Avec le pistolet-colleur, dépose quelques gouttes de colle sur le manche de la deuxième cuillère et insère-la dans l'autre triangle. Tu dois coller les deux manches ensemble en saisissant, s'il le faut, les cuillères par le creux qui dépasse de chaque côté. Une fois les cuillères bien fixées ensemble, colle-les au carton en déposant une généreuse goutte de colle chaude à la base de chaque triangle.

6 Quand la mangeoire est terminée, remplis-la de graines à l'aide d'un entonnoir. Passe la corde dans le trou et suspends la mangeoire à une branche assez basse pour te faciliter le remplissage, de préférence près d'un conifère qui offre un abri naturel aux oiseaux.

Comme tu le sais, l'écureuil reste actif l'hiver et les mangeoires exercent un grand attrait sur lui. Pour éviter de nourrir les importuns, attache la mangeoire avec une corde suffisamment longue : même en se perchant sur une branche, ils ne pourront voler le butin.

Pour en savoir davantage sur la façon de nourrir les oiseaux l'hiver, visite le site du Service canadien de la faune à l'adresse : http//:www.cws-scf.ec.gc.ca/hww-fap

Cherche la rubrique *Sujets connexes* et clique sur *Nourrir les oiseaux*. On y présente un tableau des aliments favoris de différentes espèces d'oiseaux.

Activité 2

Installe un bain d'oiseaux

L'hiver, un oiseau se désaltère en mangeant de la neige, ce qui signifie qu'il doit la faire fondre dans son corps, au risque de se refroidir.

Tu peux l'aider en lui donnant de l'eau dans une assiette en grès. Pour tiédir l'eau, il suffit d'installer un élément chauffant au fond de l'assiette. Cet élément, offert dans les quincailleries ou les boutiques spécialisées, doit être alimenté par une prise de courant extérieure.

Une solution encore plus économique consiste à installer dans un pot en grès une lampe de 60 watts dont le cordon électrique ressort par l'orifice du fond.

Pose sur le pot une assiette en grès dont la circonférence est plus grande. L'ampoule chauffe l'assiette par en-dessous et l'eau y reste liquide, sauf par froid intense.

Une source d'eau fera le bonheur des oiseaux l'hiver et te donnera une autre occasion de les observer.

Activité 3

Fabrique un sirop de plante

Nos ancêtres québécois avaient l'habitude de travailler surtout dehors, beau temps mauvais temps. Certains étaient bûcherons, d'autres pêcheurs, agriculteurs ou éleveurs. À cette époque, on soulageait une vilaine toux à l'aide d'un sirop maison.

La première recette de sirop « local » revient probablement aux Amérindiens du 17e siècle, lesquels confectionnaient une potion à base de sève d'érable et de gomme de sapin.

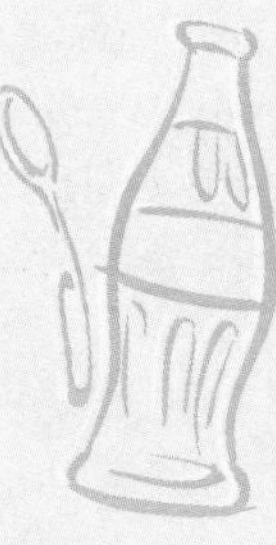

Pour faire leur sirop, nos aïeux utilisaient aussi des ingrédients récoltés dans la nature et cuisaient leur préparation dans un grand chaudron. Ils y ajoutaient souvent un peu d'alcool de genièvre, communément appelé gin. On peut concocter ce sirop en suivant une recette d'antan à partir de panicules de vinaigrier. Les oiseaux frugivores mangent souvent ces grappes de fruits rouges veloutés qui persistent longtemps à l'extrémité des branches durant la saison froide.

Tu pourras te procurer de ces grappes lors d'une promenade à l'orée de boisés ou en bordure des routes, car le vinaigrier pousse au soleil. Prends soin de prélever uniquement les grappes que tu mettras ensuite au congélateur jusqu'au moment de fabriquer la recette avec l'aide d'un adulte.

1 Plonge les grappes de vinaigrier dans l'eau et fais bouillir le tout 15 minutes à feu couvert.

2 Recueille la décoction dans une autre casserole, en passant le liquide dans un tamis.

3 Ajoute le sucre au mélange et brasse bien.

4 Porte de nouveau le liquide à ébullition pendant quelques minutes pour le faire épaissir. ATTENTION : laisse tiédir le sirop avant d'y goûter.

Tu pourras conserver ce sirop au réfrigérateur jusqu'au printemps, dans une bouteille hermétiquement fermée. Quand tu as mal à la gorge, demande à un adulte la permission de prendre une cuillérée à soupe de ton sirop.

Ingrédients

- **8 grappes de fruits de vinaigrier**
- **1,5 litre d'eau**
- **1 kilogramme de sucre**

Le vinaigrier est une variété de sumac facilement reconnaissable à ses feuilles très découpées et à ses fruits rouge pourpre.

Activité 4

Identifie les bruits d'animaux

Les animaux sont de véritables musiciens. Il t'est sûrement arrivé de te faire réveiller à l'aurore par le piaillement des oiseaux. Ces sons, tantôt de jolis gazouillis, tantôt des cris rauques, constituent un moyen de communication.

Pour attirer la femelle, le mâle se livre souvent à des vocalises. En d'autres occasions, le chant du mâle sert à avertir ses congénères que le territoire est occupé et que les visiteurs ne sont pas les bienvenus. Les cris, par contre, viennent autant des mâles que des femelles; il peut s'agir d'un système d'alarme, d'un appel au rassemblement ou d'un prélude à une querelle.

Pour apprendre à identifier les sons des oiseaux et des mammifères qui t'entourent, consulte les guides sonores; certaines bibliothèques en prêtent. Ils renferment des enregistrements très clairs qui permettent d'écouter à plusieurs reprises le son caractéristique d'un animal et parfois même de décoder son comportement face à diverses situations. C'est aussi une bonne idée de consulter un guide visuel pour te familiariser avec l'apparence de l'animal dont tu écoutes le bruit.

Une autre méthode de mémorisation consiste à créer des associations d'idées. Par exemple, quand tu entends le chant du Bruant à gorge blanche, tu pourrais croire qu'il dit : « Où es-tu Frédéric, Frédéric, Frédéric? ». La Mésange à tête noire, quant à elle, chante « Ti-tu-ti-tu? ».

Pour écouter des chants d'oiseaux, visite le site Web

http://www.oiseauxqc.org/index.html

et cherche le lien *Les chants d'oiseaux du Québec* dans la rubrique intitulée *Liens Internet québécois sur les oiseaux.*

Amuse-toi à reconnaître les sons des oiseaux, des amphibiens, des mammifères et des insectes lorsque tu visites un parc faunique ou que tu te promènes dans la nature. Partout, les animaux s'expriment. Il suffit de tendre l'oreille. Certains chercheurs pensent même que les animaux « font de la musique » et qu'ils aiment ça.

Activité 5

Observe des animaux dans leur milieu de vie

Visite le parc de ton quartier

En ville, en banlieue ou à la campagne, tu peux faire de belles rencontres si tu t'armes de patience, épier les petits mammifères qui courent dans la forêt, observer les visiteurs ailés et identifier les pistes.

Commence dans le parc de ton quartier. Apporte des jumelles pour observer les oiseaux de plus près. Pourquoi ne pas te munir aussi d'une loupe afin de mieux voir les insectes sur le gazon, sous les roches et sous l'écorce des arbres? Veille cependant à remettre en place ce que tu auras déplacé pour que les insectes retrouvent leur domaine après ton passage.

L'observation est une activité captivante et qui ne coûte pas un sou. Si tu apportes un appareil photo, place-toi à un mètre au moins de ton sujet pour obtenir des images claires (les photos en plus gros plans nécessitent un zoom). Quand tu auras fait développer tes photos, tu pourras en agrémenter ton carnet d'observations (p. 102 à 112 – format de photos maximum de 10 cm x 15 cm).

Observe les comportements

Les animaux ont des habitudes de vie dont témoigne leur comportement. Observe comment différentes espèces s'alimentent, volent, marchent, ou quel habitat elles choisissent : pelouse, tronc d'arbre, étang, champ ou forêt.

Les animaux qui vivent à proximité des êtres humains modifient leurs habitudes. Des oiseaux visitent les mangeoires ou encore nichent dans les maisonnettes que l'on suspend aux arbres. Certaines hirondelles installent leur nid directement sur les murs de nos maisons. Les goélands, de leur côté, cherchent un reste de casse-croûte dans les aires de pique-nique. Quant aux écureuils des parcs, ils acceptent volontiers la nourriture des passants.

Les animaux s'accoutument à notre présence et s'adaptent. Les canards viennent manger les graines qu'on leur offre; certains abandonnent leur naturel craintif et n'hésitent pas à se rapprocher.

L'étude des changements de comportement est un sujet d'observation fascinant.

Fais manger un oiseau dans ta main

Curieuse et enjouée, la Mésange à tête noire est un oiseau peu farouche. Tu peux l'observer aux mangeoires et même l'inciter à manger dans ta main en usant de patience. Ne gagne pas la confiance d'une mésange qui veut! Voici quelques conseils pour l'attirer.

La Mésange à tête noire est curieuse de nature. Si tu fais preuve de patience au fil des jours, tu pourrais l'habituer à venir manger dans ta main.

En général, les oiseaux visitent plus souvent les mangeoires le matin et en fin d'après-midi, ce qui veut dire que tu as davantage de chances d'attirer une mésange durant ces périodes.

La mésange aime bien les graines de tournesol. Mets-en quelques-unes dans ta main et installe-toi près d'un arbre que les mésanges ont l'habitude de fréquenter. Tiens ta main ouverte, les graines bien en évidence, et tâche de ne pas bouger. Pour éviter la fatigue, pose ton bras sur une branche ou un appui. Lorsque tu aperçois une mésange, reste immobile comme une statue.

Répète cet exercice pendant quelques jours, aux mêmes heures. Si les mésanges ne viennent pas tous les jours, installe-toi plus près de la mangeoire. Ta persévérance finira bien par être récompensée. Bonne chance!

Sois un bon voisin

Humains et animaux ne vivent pas toujours en harmonie. Tu as sans doute déjà vu des mouffettes, des marmottes, des ratons laveurs ou même des renards écrasés par des voitures. Les animaux qui vivent dans les boisés à proximité des routes ignorent les dangers de la circulation.

Près de nos maisons, les animaux ne sont pas toujours bienvenus non plus. Un raton laveur a peut-être déjà vidé ta poubelle ou un lièvre a dévoré la laitue de ton jardin. Des résidents de banlieue ont même déjà surpris un chevreuil dans leur piscine.

Si des petits rongeurs viennent croquer les fleurs et les légumes de ton jardin, tu peux aménager un espace bien à eux qui les tiendra à distance. Par exemple, le lièvre aime bien la Chicorée sauvage, une plante facile à trouver en bordure des routes et dans les champs.

À l'aide d'une petite pelle, déterre quelques bonnes mottes de chicorée en prenant soin de ne pas abîmer les racines. Place les mottes, racines en dessous, dans un sac ou un pot de plastique.

Dans un coin isolé et ensoleillé de ta cour, transplante la chicorée et arrose-la bien à la base. Tu peux aussi faire pousser quelques légumes près de la chicorée. Si tu constates que des rongeurs pillent encore les fleurs et les légumes interdits, installe du grillage tout autour du jardin.

« À force de nous étaler (à coup de maisons, de magasins et d'usines), nous rétrécissons l'habitat forestier des animaux. Par exemple, les chevreuils sont temporairement nombreux dans une zone réduite et ils y font des ravages. Ils finissent par manquer de nourriture et meurent de faim. Cette concentration cyclique de la population est une conséquence de l'urbanisation. »

David Rodrigue
Directeur adjoint, Ecomuseum

La Chicorée sauvage est une fleur vivace qui repousse d'elle-même chaque année. Elle aime le soleil.

Observe les oiseaux dans les sites naturels

Le Québec foisonne de sites propices à l'observation de la faune aviaire. En montagne, dans les plaines et les vallées, en bordure des cours d'eau ou en ville, de nombreuses espèces d'oiseaux nous donnent amplement à voir et à étudier. Certains sites ont d'ailleurs été aménagés pour les ornithologues, assidus comme occasionnels, qui peuvent ainsi s'émerveiller devant la vie ailée au fil des saisons.

Au printemps et en automne, les deux grandes périodes de migration, les réserves fauniques de cap Tourmente et de Montmagny accueillent une variété intéressante d'oiseaux voyageurs. Par exemple, du début d'avril jusqu'à la mi-mai, ainsi que de la fin de septembre au début de novembre, la Grande Oie des neiges s'y arrête en rassemblements pouvant compter des dizaines de milliers d'individus. C'est à voir!

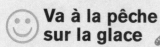

Va à la pêche sur la glace

L'hiver, quand l'épaisseur de la glace sur la rivière supporte le poids d'une camionnette, on installe des cabanes qui servent d'abri aux mordus de la pêche.

Pour s'assurer que la glace a la solidité requise, on perce la couche durcie à différents endroits pour en mesurer l'épaisseur. Reste à creuser des trous, à enfiler un petit morceau de foie de porc sur l'hameçon et à jeter les lignes à l'eau.

La pêche aux petits poissons des chenaux — aussi appelés petites morues — procure beaucoup de plaisir quand elle se fait selon les règles de sécurité. C'est une activité particulièrement courue dans la région de Sainte-Anne-de-la-Pérade, au nord de Trois-Rivières.

Le petit poisson des chenaux mord en hiver parce qu'il est l'un des rares poissons à frayer à cette période; il remonte vers les rivières peu profondes pour y pondre ses œufs.

Visite les parcs fauniques

Plusieurs parcs fauniques permettent d'observer des animaux sauvages dans leur habitat naturel en toute saison. Voici quelques suggestions de visite si tu veux approfondir tes connaissances.

ECOMUSEUM : Visite de 1 à 2 heures

Plus de cent espèces de mammifères, d'oiseaux, de reptiles, d'amphibiens et de poissons vivent en liberté dans les habitats naturels recréés à leur intention. Les programmes éducatifs de l'Ecomuseum te permettent de toucher une tortue, de prendre un serpent et de flatter une mouffette. L'été, des camps sont même organisés pour les jeunes de ton âge. L'Ecomuseum est ouvert toute l'année.

Ecomuseum
21125, chemin Sainte-Marie,
Sainte-Anne-de-Bellevue
(Québec) H9X 3Y7
Renseignements : (514) 457-9449
Courriel : ecomus@total.net
Site Web : http://www.ecomuseum.ca

PARC OMÉGA : Visite de plus de 2 heures

Une balade en voiture dans cet immense parc faunique te permettra d'admirer des ours noirs, des orignaux, des sangliers, des bisons, des castors, et des wapitis qui vivent en liberté. Tu peux aussi faire une randonnée à pied parmi les chevreuils. L'été, le spectacle des oiseaux de proie t'émerveillera. Une expérience à vivre... absolument!

Parc Oméga
Route 323 Nord, Montebello
(Québec) J0V 1L0
Renseignements : (819) 423-5487
Site Web : http://www.parc-omega.com

BIODÔME DE MONTRÉAL : Visite de 1 heure et plus

Savais-tu que tout près du stade olympique de Montréal se trouvent une forêt tropicale, une forêt de conifères et de feuillus, un bord de mer et même un petit bout d'iceberg?

Du crocodile au castor, en passant par la chauve-souris et le manchot, le Biodôme t'entraîne dans un voyage éclair autour de la terre et au cœur de la nature. Note les espèces que tu vois à chaque visite et sois vigilant, car certaines ont l'art de se cacher.

Biodôme de Montréal
4777, avenue Pierre-de-Coubertin,
Montréal (Québec) H1V 1B3
Téléphone : (514) 868-3000
Courriel : biodome@ville.montreal.qc.ca
Site Web : http://www.ville.montreal.qc.ca/biodome/bdm.htm

ZOO SAUVAGE DE SAINT-FÉLICIEN : Visite de 2 heures et plus

Au Zoo sauvage de Saint-Félicien, les animaux ne sont pas en cage, ce sont les humains qui sont derrière le grillage. Suis l'Orignal, pénètre dans la hutte du Castor du Canada, foule le territoire du Harfang des neiges et rencontre le Carcajou. Plusieurs écosystèmes ont été reproduits avec le plus grand soin : prairies canadiennes, montagnes rocheuses, golfe et estuaire du Saint-Laurent, et forêt mixte québécoise. Été comme hiver, viens voir les animaux te regarder.

Zoo sauvage de Saint-Félicien
2230, boulevard du Jardin,
Saint-Félicien (Québec) G8K 2P8
Renseignements : 1 800 667-LOUP
Site Web : http://www.zoosauvage.qc.ca

Plusieurs parcs fauniques, gîtes ou refuges d'animaux, aquariums ou zoos permettent d'observer les espèces de la faune québécoise. Navigue sur Internet pour en connaître d'autres. Si tu peux, prends des photos. Tu trouveras d'ailleurs dans ce livre une section intitulée *Carnet d'observations* où tu pourras consigner tes notes, dessins et photographies. Amuse-toi bien.

SITES WEB D'INTÉRÊT

Baleines en direct
Savais-tu que le Rorqual bleu, aussi appelé baleine bleue, est maintenant classé espèce en voie de disparition? Que des baleines reviennent dans le golfe du Saint-Laurent en plein mois de février?
En t'inscrivant sur le site *Baleines en direct*, tu peux recevoir gratuitement, chaque semaine, des nouvelles des cétacés qui peuplent le Saint-Laurent. Tu peux même y poser des questions. Le Groupe de recherche et d'éducation sur les mammifères marins (GREMM) t'invite à visiter son centre d'interprétation.
À propos, sais-tu qui coupe le cordon ombilical chez les baleines?
http://www.baleinesendirect.net

Service canadien de la faune, d'Environnement Canada
De l'Arlequin plongeur au wapiti, découvre des fiches complètes sur nos espèces animales et végétales. Le site Web du Service canadien de la faune permet aux internautes de tous âges de consulter une véritable mine d'information, de tester leurs connaissances et même de participer à un concours photo. Pour rédiger un travail scolaire, c'est une bonne adresse à connaître.
Accueil : http://www.cws-scf.ec.gc.ca
Accès aux fiches : http://www.cws-scf.ec.gc.ca/hww-fap/fre_ind.html

Site de la Société de la faune et des parcs du Québec
Ce site te donne accès à des informations sur les parcs, les espèces animales vulnérables ou menacées, les espèces aquatiques nuisibles, la gestion des populations d'animaux comme le Cerf de Virginie et l'Orignal et plus encore.
Accueil : http://www.fapaq.gouv.qc.ca
Accès aux espèces menacées : http://www.fapaq.gouv.qc.ca/fr/faune/faune.htm

Les oiseaux du Québec
Tu te poses toutes sortes de questions sur les oiseaux? Consulte le site *Les oiseaux du Québec* qui te propose une multitude d'hyperliens sur les espèces de chez nous et du monde entier.
http://www.oiseauxqc.org/index.html

Ministère de l'Environnement du Québec
Si tu veux en apprendre plus sur le milieu tout en t'amusant, *Rafale* te lance une invitation. Au menu de tes découvertes : l'air, l'eau, le sol, la gestion des déchets et le monde des vivants. Une foule de liens te permettent aussi de faire la visite virtuelle de musées, de parcs fauniques et de sites jeunesse. Se préoccuper d'environnement, c'est cool avec *Rafale!*
http://www.menv.gouv.qc.ca/jeunesse/index.htm

PROGRAMME ÉDUCATIF

Programme Mobius
Comment reconnaître les produits écologiques, réduire le gaspillage qui épuise les ressources de notre planète ou composter? Le programme Mobius, de BFI Environnement, répond aux multiples questions des jeunes. Mobius invite les familles et les écoles à visiter le site d'enfouissement sanitaire et sa centrale électrique qui récupère l'énergie de ses biogaz. Tu en apprendras davantage sur le recyclage et la biodégradation et découvriras comment les invasions de Goélands à bec cerclé sont contrôlées grâce à l'utilisation de faucons. Passe le mot dans ton école.
Renseignements : (450) 474-7222

Carnet d'observations

Amuse-toi à consigner tes découvertes

Le monde qui t'entoure est un champ d'observation. Ouvre bien les yeux et les oreilles et tu découvriras des merveilles. Tu peux noter dans ce carnet le comportement des animaux que tu rencontres, quelques détails concernant leur habitat (par exemple, forêt de conifères, étang), les bruits qu'il font, bref, tout ce qui t'aidera à mieux connaître les espèces.

Sers-toi des lignes-guides pour dessiner ce que tu observes ou coller des morceaux de photographies que tu auras prises en faisant des randonnées et en visitant des parcs fauniques.

Écris tes observations à la mine. Ce sera plus facile à corriger, s'il y a lieu!

Animal observé :

Sittelle à poitrine rousse

Époque :

Toute l'année

Observations :

Vue dans un sapin. Mange des insectes et des graines. Niche dans le trou d'un arbre ou dans un arbre mort.

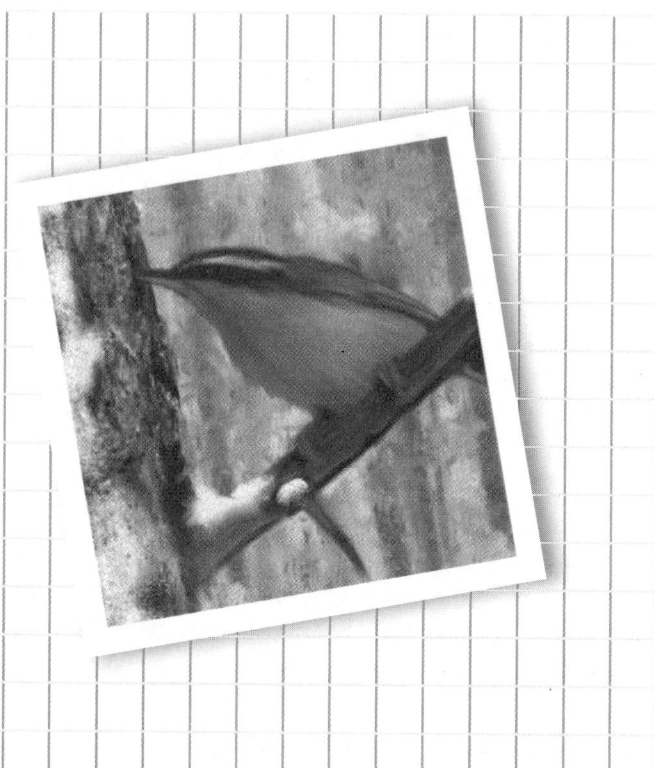

Animal observé :

Époque :

Observations :

Animal observé :

Époque :

Observations :

Animal observé :

Époque :

Observations :

Animal observé :

Époque :

Observations :

Animal observé :

Époque :

Observations :

Animal observé :

Époque :

Observations :

Animal observé :

Époque :

Observations :

Animal observé :

Époque :

Observations :

Animal observé :

Époque :

Observations :

Animal observé :

Époque :

Observations :

Animal observé :

Époque :

Observations :

Animal observé :

Époque :

Observations :

Animal observé :

Époque :

Observations :

Animal observé :

Époque :

Observations :

Animal observé :

Époque :

Observations :

Animal observé :

Époque :

Observations :

GLOSSAIRE

Des mots qui donnent du panache

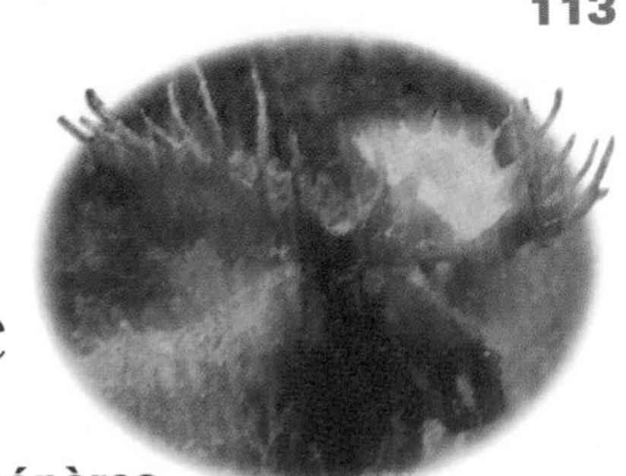

A

Adaptation Qui a rapport avec la forme, les fonctions ou le comportement et qui améliore la survie d'une espèce dans son milieu; processus par lequel l'organisme s'ajuste aux changements du milieu.

Adipeux Se dit des tissus du corps et d'un organe composés de graisse.

Antigel Substance qui abaisse le point de congélation de l'eau et protège du gel les organes de certains animaux.

ATP (adénosine triphosphate) Composé organique très important dans le métabolisme des cellules du corps qui fournit l'énergie.

B

Banquise Amas de glace qui se forme et flotte sur une étendue d'eau de mer.

C

Changement climatique Variation des conditions normales depuis de nombreuses années qui influence le monde vivant.

Chlorophylle Matière qui donne aux plantes leur couleur verte et joue un rôle essentiel dans la transformation de la lumière solaire en énergie.

Congénères Individus semblables, d'un même genre et d'une même espèce.

D

Densité Degré de consistance d'une substance qui équivaut à sa masse dans un volume défini.

Diapause Arrêt du développement d'un insecte à une phase ou à une autre de sa vie qui lui permet de survivre aux difficultés de l'hiver.

E

Écosystème Milieu comprenant des animaux, des végétaux et des micro-organismes qui dépendent les uns des autres pour évoluer; la forêt est un écosystème.

Élément nutritif Substance qui nourrit le corps d'un organisme.

Épiderme Couche superficielle de la peau où poussent les poils.

Estuaire Partie terminale d'un fleuve sensible aux marées et aux courants marins.

F

Frayère Endroit où les poissons déposent leurs œufs pour se reproduire.

Glande sébacée Organe de la peau qui sécrète un liquide, le sébum, qui huile la peau et qui est constitué de débris de cellules.

Glucose Sucre, comme le miel, qui fournit l'énergie essentielle à l'organisme.

Grégaire Qualifie les individus qui vivent en groupe et adoptent des comportements semblables; à l'opposé des individus solitaires.

Hémisphère Moitié de la Terre délimitée par le cercle de l'équateur; on parle de l'hémisphère Nord, où nous habitons, et de l'hémisphère Sud.

Hibernaculum Lieu qui sert de refuge à un animal de petite taille pour passer l'hiver.

Hibernant Animal qui, lorsqu'il hiberne, entre dans un état d'engourdissement et dont le corps fonctionne au ralenti; la température corporelle chute, la respiration et les battements de cœur diminuent.

Hivernant Individu qui passe l'hiver à l'abri, comme la mouffette, ou qui migre et passe l'hiver dans un autre lieu, comme le Grand Héron.

Hormone Substance chimique sécrétée par une glande qui est chargée d'envoyer un message dans le sang; elle provoque une action sur une partie de l'organisme.

Invertébré Animal qui n'a pas de squelette interne ni de vertèbres.

Isolant thermique Matériau protecteur qui empêche la chaleur ou le froid de passer.

Léthargie Sommeil profond durant lequel le corps ne semble plus en vie parce que ses fonctions sont suspendues.

Litière forestière Parterre de la forêt qui se compose essentiellement de feuilles mortes, de brindilles, d'écorce et de matière en décomposition.

Magnétisme Phénomène d'attraction exercée par un aimant ou par un objet qui agit comme tel; la Terre, par exemple, possède un champ magnétique que plusieurs espèces animales peuvent détecter.

Métabolisme Ensemble des processus biochimiques qui se produisent dans tout l'organisme pour en assurer la survie.

Migrateur Animal qui se déplace en groupe d'une région à une autre et à des moments précis de l'année ou de la journée.

Mimétisme Capacité d'une espèce animale ou végétale de prendre l'apparence de son milieu ou d'une autre espèce dans le but de mieux se protéger des prédateurs.

Mue Changement de la peau, des poils, des plumes, de la carapace ou des cornes chez différentes espèces durant leur développement ou en certaines saisons.

N

Nidification Action de construire un nid pour y pondre des œufs; la nidification des oiseaux a lieu habituellement au printemps et en été.

P

Phénologie Science qui étudie l'influence du climat sur la vie des animaux et des végétaux.

Plancton Minuscules végétaux (phytoplancton) ou animaux (zooplancton) qui vivent dans l'eau.

Photopériode Dans une journée, répartition entre la période durant laquelle un organisme reçoit de la lumière et la période d'obscurité.

Planer Se maintenir dans les airs sans battement d'ailes; les oiseaux font souvent du vol plané.

Prédateur Animal se nourrissant de proies; le lynx est un prédateur du lièvre.

Q

Quiescence État où les activités d'un insecte sont suspendues à cause de circonstances défavorables (froid intense, sécheresse, etc.) et qui prend fin lorsque ces conditions cessent.

R

Ramille Petite branche encore pourvue de ses feuilles.

Rapace Oiseau muni de puissantes griffes et d'un bec crochu qui se nourrit d'animaux.

Ravage Nom que l'on donne à un habitat qui a été endommagé par les cervidés affamés et forcés de rester dans un espace limité à cause des dures conditions hivernales.

Reproduction Fonction qui permet à une espèce de donner naissance à des individus semblables.

S

Satellite Engin, aussi appelé satellite artificiel, qui est propulsé dans l'espace pour orbiter autour de la Terre; il permet de faire des observations scientifiques et de relayer les communications.

Sédentaire Individu qui vit dans un lieu fixe; le Moineau domestique est sédentaire et reste été comme hiver au même endroit.

T

Taxonomie Façon de décrire et de classer les organismes vivants selon leurs similitudes et leurs différences.

Torpeur Engourdissement durant lequel les fonctions vitales et l'activité diminuent.

Tremblements Suite de contractions rapides des muscles qui permet aux animaux de produire de la chaleur et se protéger du froid.

BIBLIOGRAPHIE

BEAUDIN, Louise et Michel QUINTIN. *Mammifères terrestres du Québec, de l'Ontario et des Maritimes*, Waterloo (Québec), Éditions Michel Quintin, 1991, 301 p., coll. « Guides nature Quintin ».

BANFIELD, A. W. Frank. *Les Mammifères du Canada*, 2e éd., Québec, Les Presses de l'Université Laval et University of Toronto Press, Musées nationaux du Canada, 1977, v-406 p.

BERGERON, Jacques F. et Jacques BROUSSEAU. *Guide des poissons d'eau douce du Québec*, Québec, ministère de la Chasse et de la Pêche du Québec, Direction générale de la faune, 1983, v-240 p.

BERNATCHEZ, Louis et Marie GIROUX. *Les Poissons d'eau douce du Québec et leur répartition dans l'Est du Canada*, Boucherville (Québec), Éditions Broquet, 2000, 350 p.

BIDER, J. R. et S. MATTE. 1994. *Atlas des amphibiens et des reptiles du Québec*, Québec, Société d'histoire naturelle de la vallée du Saint-Laurent et ministère de l'Environnement et de la Faune du Québec, Direction de la faune et des habitats, 106 p.

BORROR Donald J. et Richard E. WHITE. *Les Insectes de l'Amérique du Nord (au nord du Mexique)*, traduit de l'anglais par Françoise Harper, Boucherville (Québec), Éditions Broquet, 1991, v-408 p., coll. « Les Guides Peterson ».

BRÛLOTTE, Suzanne. *Les Oiseaux du Québec : Guide d'initiation*, Boucherville (Québec), Éditions Broquet, 2000, 287 p.

BURTON, Robert. *La Migration des oiseaux*, traduit de l'anglais par Jean-Pierre Demoly, Paris, Arthaud, 1995, 160 p.

CYR, André et Jacques LARIVÉE, *Atlas saisonnier des oiseaux du Québec*, Sherbrooke (Québec), Les Presses de l'Université de Sherbrooke et la Société de loisir ornithologique de l'Estrie, 1995.

DAVID, Normand. *Les Meilleurs sites d'observation des oiseaux au Québec*, Québec, Québec Science Éditeur, 1990, vii-311 p.

DELAUNOIS, Angèle. *Les Mammifères de chez nous, Saint-Lambert* (Québec), Les Éditions Héritage inc, 1991, 237 p., coll. « Nos richesses ».

DELISLE, Danielle. *Le Quatre-temps : Cahier du participant*, Rivière-du-Loup (Québec), Institut du plein air québécois, 1985, 183 p.

ÉQUIPE DE RÉDACTION DU MAGAZINE SENTIER CHASSE-PÊCHE. *Guides de la pêche : Poissons sportifs au Québec*, Montréal-Nord (Québec), Le Groupe Polygone, 1994, 134 p.

FONTAINE, Pierre-Henry. *Biologie et écologie des baleines de l'Atlantique Nord*, Québec, Sylvio Thibeault éditeur, 1988, 185 p.

Gauthier, J. et Y. Aubry, (sous la direction de) 1995. *Les Oiseaux nicheurs du Québec : Atlas des oiseaux nicheurs du Québec méridional*, Association québécoise des groupes d'ornithologues, Société québécoise de protection des oiseaux, Service canadien de la faune et Environnement Canada (Région du Québec), Montréal, viii-1295 p.

GODFREY, W. Earl. *Les Oiseaux du Canada*, Ottawa, Musée national du Canada, Godfrey, 1967, 506 p.

HEINRICH, Bernd, *The Thermal Warriors Stategies of Insects Survival*, Cambridge, Harvard University Press, 1996, 221 p.

HICKMAN, Pamela et FÉDÉRATION DES NATURALISTES DE L'ONTARIO. *Insectes de A à Z*, traduit de l'anglais par Angèle Delaunois et coll., Saint-Lambert (Québec), Les Éditions Héritage inc., 1990, 96 p.

LAJOIE Monique et Alain FOISY. *Les Insectes : 200 questions et réponses*, Québec, Les publications du Québec, 1990, 141 p.

LANE, Peter. *Les Oiseaux d'hiver au Québec*, Montréal, Les Éditions Héritage Inc., 1980, 110 p.

LANG, Elliott et Ted MACK. *Les Sons de nos forêts*, traduit de l'anglais et adapté par Jean-Marc Béliveau et l'équipe de traducteurs du Centre de conservation de la faune ailée de Montréal, Anjou (Québec), 1991, 31 p.

MARCHAND, Peter J. *Life in The Cold*, Hanover, University Press of New England, 3e éd., 1996, viii-304 p.

PAQUIN Jean. *Oiseaux du Québec et des Maritimes*, Waterloo (Québec), Éditions Michel Quintin, 1998, 390 p., coll. « Guides nature Quintin ».

PETERSON, Roger Tory. *Les Guides Peterson : Les Oiseaux de l'Est de l'Amérique du Nord*, traduit de l'anglais par Philippe Blain, André Cyr, Norman David et Michel Gosselin, Laprairie (Québec), Éditions Broquet, 1989, 385 p.

PRESCOTT, Jacques et Pierre RICHARD. *Mammifères du Québec et de l'Est du Canada*, Waterloo (Québec), Éditions Michel Quintin, 1996, 399 p., coll. « Guides nature Quintin ».

PROVENCHER, Paul. *Mes observations sur les insectes*, Québec, Les Éditions de l'Homme, 1977, 172 p., coll. « Sport ».

PROVENCHER, Paul. 1976. *Mes observations sur les poissons*, Québec, Les Éditions de l'Homme, 1976, 115 p., coll. « Sport ».

RUPP, Rebecca. *Le monde fascinant des oiseaux*, traduit de l'anglais et adapté par Marie-Luce Contant, Québec, Les Éditions de l'Homme, 2000, 143 p.

SÉGUIN, Marc et Benoît VILLENEUVE, *Astronomie et astrophysique : Cinq grandes idées pour explorer et comprendre l'univers*, Saint-Laurent (Québec), Éditions du Renouveau pédagogique inc., 1995, xxiii-550 p.

SMITH, Hobart M. *Le Guide des batraciens de l'Amérique du Nord : Guide d'identification sur le terrain*, traduit de l'anglais par Irène et Serge Galarneau, Laprairie (Québec), Éditions Broquet, 1982, 165 p.

SMITH, Hobart M. et Edmund D. BRODIE JR. *Le Guide des reptiles de l'Amérique du Nord : Guide d'identification sur le terrain*, traduit de l'anglais par Irène et Serge Galarneau, Laprairie (Québec), Éditions Broquet, 1992, 246 p.

STOKES, Donald et Lillian STOKES. *Guide des oiseaux de l'Est de l'Amérique du Nord*, traduit de l'anglais par Jean-Pierre Artigau, L'Acadie (Québec), Éditions Broquet, 1997, 471 p.

TAUBER, Maurice J., Catherine A. TAUBER et Sinzo NASAKI. *Seasonal Adaptations of Insects*, New York, Oxford University Press, 1986, 411 p.

VEILLEUX, Christian et Bertrand PRÉVOST. *Les Papillons du Québec*, Québec, Les Éditions de l'homme, 1986, 143 p.

VOET, Donald et Judith G. VOET. *Biochemistry*, New York, John Wiley and Sons, 1990, v-1223 p.

VON FRISCH, Otto. *Le Camouflage animal*, Paris, Flammarion, 1973, 128 p., coll. « International Library ».

WOODING, Frederick H. *Les Mammifères sauvages du Canada*, traduction des Rives et de Françoise Labelle-Broquet, Laprairie (Québec), Éditions Broquet, 1982, 272 p.

La Faune du Québec et son habitat, Québec, Les publications du Québec, 15 brochures, 1986, 105 p.

WALDBAUER, Gilbert. *Insects Through The Seasons*, Cambridge, Harvard University Press, 1998, ix-289 p.

BLAIS, Jonathan, Jean-Pierre L. SAVARD et Jean GAUTHIER. « Impact of an ice storm on resident bird population in eastern North America », *The Forestry Chronicle*, juillet-août 2001, vol. 77, n° 4, p. 661-666.

BOTH, Christian et Marcel E. VISSERY. « Adjustment to climate change is constrained by arrival date in a long-distance migrant bird », *Nature*, vol. 411, 17 mai 2001, p. 296-298.

COSTANZO, Jon P., Phyllis A. CALLAHAN, Richard E. LEE Jr et Michael F. WRIGHT. « Frogs reabsorb glucose from urinary bladder », *Nature*, vol. 389, 25 septembre 1997, p. 343-344.

FILCHAK, Kenneth E., Joseph B. ROETHELE et Jeffrey L. FEDER. « Natural selection and sympatric divergence in the apple maggot *Rhagoletis pomonella* », *Nature*, vol. 407, 12 octobre 2000, p. 739-742.

FORCHHAMMER, Mads C., Eric POST et Nils Chr. STENSETH. « Breeding phenology and climate », *Nature*, vol. 391, 1er janvier 1998, p. 29-30.

FRANSSON, Y. Thord, Sven JAKOBSSON, Patrik JOHANSSON, Cecilia KULLBERG, Johan LIND et Adrian VALLIN. « Bird migration: Magnetic cues trigger extensive refuelling », *Nature*, vol. 414, 1er novembre 2001, p. 35-36.

GRAHAM, Laurie A., Yih-Cherng LIOU, Virginia K. WALKER et Peter L. DAVIES. « Hyperactive antifreeze protein from beetles », *Nature*, vol. 388, 21 août 1997, p. 727-728.

JONES, David. « Daedalus: Winter in slumberland », *Nature*, vol. 391, 19 février 1998, p. 749.

JULIEN, Caroline. « Des animaux qui se congèlent pour résister au froid », *Québec Science*, vol. 34, n° 4, décembre 1995-janvier 1996, p. 30-33.

KIRWOOD, Thomas B. L. et Steven AUSTAD. « Why do we age? », *Nature*, vol. 408, 9 novembre 2000, p. 233-238.

KNIGHT, Charles A. « Structural biology: Adding to the antifreeze agenda », *Nature*, vol. 406, 20 juillet 2000, p. 249-251.

KÖRTNER, Gerhard, R. Mark BRIGHAM et Fritz GEISER. « Metabolism: Winter torpor in a large bird », *Nature*, vol. 407, 21 septembre 2000, p. 318.

SCHWARTZ, Mark D. « Green-wave phenology », *Nature*, vol. 394, 27 août 1998, p. 839-840.

VAN GINNEKEN, Vincent J. T. et Guido E. E. J. M. VAN DEN THILLART. « Physiology: Eel fat stores are enough to reach the Sargasso », *Nature*, vol. 403, 13 janvier 2000, p. 156-157.

WEIMERSKIRCH, Henri, Julien MARTIN, Yannick CLERQUIN, Peggy ALEXANDRE et Sarka JIRASKOVA. « Energy saving in flight formation », *Nature*, vol. 413, 18 octobre 2001, p. 697-698.

WHITFIELD, John. « Autumn colour code », *Nature*, vol. 412, 12 juillet 2001, p. 136.

WHITFIELD, John, « The budding amateurs », *Nature*, vol. 414, 6 décembre 2001, p. 578-579.

WORRALL, John. « Phenology and changing seasons », *Nature*, vol. 399, 13 mai 1999, p. 101.

Sites Web

B. STOREY, Kenneth et Janet M. STOREY, *Hibernation: poikilotherms*, Encyclopedia of Life Sciences, Macmillan Reference Ltd., 2001, consulté en avril 2002 sur le site <http://www.carleton.ca/~kbstorey/417-r-els.pdf>.

Neptune technologies et bioressources (communiqué sur Canada NewsWire), *L'huile de krill : une merveille à découvrir et à exploiter*, consulté en mars 2002 sur le site <http://www.newswire.ca/releases/May2001/24/c5555.html>.

Régie des cultures, recherche et technologie (RCRT), *Dommage et résistance de la cicadelle de la pomme de terre dans la luzerne*, consulté en mars 2002 sur le site <http://www.pioneer.com/Canada/crop/fra/cicadelle-pomme-terre.htm>.

Feux, insectes et maladies des arbres du Québec (FIMAQ), *Les gallicoles ou galligènes*, gouvernement du Québec, 2002, consulté en avril 2002 sur le site <http://www.mrn.gouv.qc.ca/fimaq/ima/fiche/gallicog/gallicoles.asp>.

Faune et Parcs Québec, *Suivi des déplacements du caribou par télémétrie satellitaire*, consulté en février 2002 sur le site <http://www.fapaq.gouv.qc.ca/fr/faune/caribou/index.htm>.

Insectarium de Montréal, *Toile des insectes du Québec*, consulté en mars 2002 sur le site <http://www2.ville.montreal.qc.ca/insectarium/toile/toile.htm>.

Pêches et Océans Canada, communiqué : *Le MPO et le WWF reçoivent le plan de rétablissement du béluga*, 14 février 1996, consulté en mars 2002 sur le site <http://www.dfo-mpo.gc.ca/home-accueil_f.htm>.

Société de la faune et des parcs du Québec, *Espèces menacées*, résumé de rapport, consulté en février 2002 sur le site <http://www.fapaq.gouv.qc.ca/fr/etu_rec/esp_mena_vuln/res_rap.htm>.

University of Texas, *Adaptation to the Cold: How do animals and plants live in the Arctic?*, consulté en mars 2002 sur le site <http://msi40.utmsi.utexas.edu/k12/adaptations.pdf>.

INDEX

D

K

L

M

N

Achevé d'imprimer
pour Joey Cornu Éditeur
en septembre 2002
sur les presses de l'Imprimerie CRL Ltée
à Mascouche (Québec).

ENTRÉE GRATUITE

Ce laissez-passer permet à un visiteur de 4 à 14 ans d'entrer gratuitement à l'ECOMUSEUM lorsqu'il est accompagné d'un parent.

Limite de un coupon par visiteur. Ne peut être combiné à aucune autre offre ni échangé en espèces. Reproduction interdite.

L'ECOMUSEUM est ouvert toute l'année (sauf à Noël), de 9 h à 17 h (dernière admission à 16 h)

21125, chemin Sainte-Marie
Sainte-Anne-de-Bellevue (Québec) H9X 3Y7
Tél. : (514) 457-9449 Site Web : http://www.ecomuseum.ca

Plus de cent espèces à découvrir!
Viens observer des mammifères, des reptiles, des amphibiens, des oiseaux et des poissons dans leur milieu naturel.

CODE : QH-ECO02

Ce laissez-passer donne à un visiteur de 6 à 12 ans (accompagné d'un parent) le droit à une économie de 2 $ sur le prix d'entrée au Centre d'interprétation des mammifères marins.

Limite de un coupon par visiteur. Ne peut être combiné à aucune autre offre ni échangé en espèces. Reproduction interdite.

Visite le CIMM
du 13 mai au 23 juin, de 12 h à 17 h
du 24 juin au 24 septembre, de 9 h à 20 h
du 25 septembre au 22 octobre, de 12 h à 17 h

108, de la Cale Sèche
Tadoussac (Québec) G0T 2A0

Tél. : (418) 235-4701
Site Web : http://baleinesendirect.net

Viens voir les baleines de plus près : jeux, vidéos, squelettes, maquettes, projections de films et spécialistes pour répondre à tes questions.

CODE : QH-GREMM02